全民健身计划系列丛书

散　打

张　颖／主编

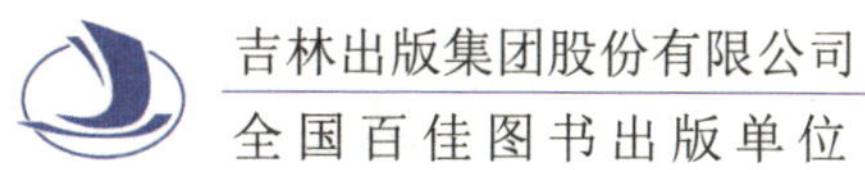

图书在版编目（CIP）数据

散打 / 张颖主编. -- 长春 : 吉林出版集团股份有限公司, 2019.12（2021.10重印）
ISBN 978-7-5581-7964-8

Ⅰ.①散… Ⅱ.①张… Ⅲ.①散打(武术)—基本知识—中国 Ⅳ.①G852.4

中国版本图书馆CIP数据核字(2019)第268680号

SANDA

散打

张　颖　主编

责任编辑　田　璐　朱万军
封面设计　张振东
版式设计　吉林国艺图书有限公司
责任印刷　王　起

出　　版　吉林出版集团股份有限公司
发　　行　吉林出版集团青少年书刊发行有限公司
地　　址　长春市福祉大路 5788 号
邮政编码　130118
电　　话　0431-81629800
传　　真　0431-81629812
印　　刷　永清县晔盛亚胶印有限公司
版　　次　2020 年 4 月第 1 版
印　　次　2021 年 10 月第 2 次印刷
字　　数　100 千字
开　　本　720mm × 1000mm　1/16
印　　张　8
书　　号　ISBN 978-7-5581-7964-8
定　　价　36.00 元

《散　打》

编写人员

次春蕾

前　言

党的十九大报告指出："广泛开展全民健身活动，加快推进体育强国建设。"当全民健身上升为国家战略后，日常参与健身的人群将日益扩大，大家将以各种方式强健体魄，获得感和幸福感油然而生。

面对这样可喜的局面，吉林出版集团股份有限公司青少年书刊出版发行事业部和吉林体育学院编写组共同策划、编写了"全民健身计划系列丛书"。

"全民健身计划系列丛书"能够顺应国家有关体育的大政方针，把握时代脉搏，对指导大众健身有很好的促进作用。丛书图文并茂，实用性强，力争有所创新，包括球类运动、体操健身运动、传统武术、体育舞蹈、休闲运动、格斗运动和民间体育活动等项目，通过高清图片分解健身步骤，使读者用简单易行的锻炼方式达到良好的健身效果。读者在学习的过程中，不仅能够掌握运动健身的方法，还能够学到保健方面的基本知识。

吉林体育学院的老师作为专业的体育工作者，把高等院校的理论资源转化为实践成果，使"全民健身计划系列丛书"更加具有权威性、科学性、实用性，也更贴近健身人群的需求。

希望本丛书能为社会各界热爱健身的人士提供指导与帮助。

2019 年 7 月

目 录

1 第一章 概述

散打又称散手，是我国特有的传统体育项目，历史悠久，内涵丰富，社会价值极高。同时，它又是中华武术的精华，是一项具有独特民族风格的体育项目，在民间广泛流传，深受人们的喜爱。

第一节 起源与发展

散打的起源与发展是同中华民族的悠久历史同步的。它源于先辈的生产劳动和生存斗争，同时又服务于此，演化至今已成为中华民族灿烂文化遗产中的瑰宝。

一、起源

原始社会时期，人类为了猎取食物，长期与野兽搏斗，掌握了与野兽搏斗的多种方法，如拳打、脚踢和抱摔等，这些成为散打技术的雏形。到了春秋战国时期，散打逐渐形成自己的风格，受到了人们的重视。

二、发展

散打运动经过长期的发展，历经“相搏”、“手搏”、“白打”、“对拆”和“技击”等称谓变换，逐渐发展成现代竞技体育项目。

（一）传播

现代散打是两人按照一定的规则，运用武术中的踢、打、摔和防守等技法，进行徒手对抗的竞技体育项目。它已成为中国武术的重要组成部分。

新中国成立后，武术被作为民族文化遗产加以继承和发展，散打也作为试点项目被列入全国体育院系教材。

1978 年，国家正式启动武术散打试点工作。

1979 年，国家体委决定在浙江省体委、北京体育学院和武汉体育学院三个单位进行武术散打项目试点工作。

1982 年，确定了《全国武术散打竞赛规则》初稿，并在北京举办了全国武术对抗项目邀请赛。

1989 年，散打被列为全国正式比赛项目。

1991 年，散打成为世界锦标赛项目。

1998 年，散打被列为第 13 届亚运会竞赛项目。

1999 年，散打全面发展，新规则规定参赛选手除保留护裆、拳套外，去除所有的护具，从而大大增强了比赛的观赏性和激烈程度，为散打运动走向市场打下了基础。

近年来，在新规则的指引下，国内外赛事频繁，无论是国内的“散打王”，还是对抗美国职业拳击、泰国职业泰拳，都进入了良性发展轨道。

2003 年，由国际武术联合会组织，在中国上海举办了第一届世界杯武术散打比赛。世界杯武术散打比赛的成功举办标志着中国武术散打向国际体坛全面进军。

（二）机构与赛事

1. 机构

国际武术联合会简称国际武联，于 1990 年 10 月在北京正式成立，目前拥有来自五大洲 142 个国家和地区的成员协会。

2. 赛事

(1) 世界武术锦标赛，每两年一届。

(2) 世界杯武术散打赛，每两年一届。

(3) 全国散打锦标赛，每年一届。

(三)发展趋势

1. 国内趋势

散打是中国的传统项目,也是很好的健身运动,实用性很强，具有广泛的群众基础。长期坚持练习散打不但能够起到强身健体的作用，还可以提高身体的柔韧性与灵敏度，因此深受人们的欢迎。现在，散打已经成为全民健身运动的重要组成部分。

作为一种竞技体育项目，我国的散打竞技水平一直外于世界前列。柳海龙被视为中国散打的标志性人物，成名于中国散打王比赛，曾五次称雄该项比赛，获得过三次世界冠军，并在与泰拳、日本空手道、美国拳击的对抗中取得全面胜利，被称为中国“散打王”。

2. 国外趋势

目前，散打运动已经成为一个在全世界广为普及的体育项目。国际散打运动水平正在不断提高，亚洲的越南、伊朗，欧洲的俄罗斯、英国、法国，亚美利加洲的美国、巴西，非洲的埃及等国家的散打水平正在接近并逐步超越作为散打发源地的中国。近几年来，世界上已有许多国家举办了散打锦标赛和散打世界杯赛。在亚洲、欧洲、美洲举办的洲级比赛中，散打也被列为正式的比赛项目。世界散打运动正在向更高的水平发展。

第二节 场地和装备

平时练习散打时，最好选择环境安静、地面平坦，拥有实木地板的场所练习。周围不能有任何明显的突出物体。运动时需戴好护具，以防止受到伤害。

一、场地

散打比赛的场地是一个木质结构的擂台，在规格和设施上有一定要求。

（一）规格

（1）比赛场地是高80厘米、长800厘米、宽800厘米的擂台。

（2）擂台中心画有直径120厘米的国际武联的会徽。

（3）台面边缘画有5厘米宽的红色边线，台面四边向内90厘米处画有10厘米宽的黄色警戒线。

（二）设施

（1）台面上铺有软垫，软垫上铺有盖单。

（2）台下四周铺有厚30厘米、宽200厘米的保护软垫。

二、装备

比赛时，运动员的服装和护具要符合要求，以起到保护作用，并能让观众很容易地区分比赛双方。

(一) 服装

1. 款式

(1) 男子上身穿背心，下身穿短裤。见图 1-2-1。

(2) 女子可穿紧身内衣，其他要求同男子。

2. 要求

(1) 服装多以绸缎或棉布制成，穿着舒适，能吸汗。

(2) 服装颜色应与护具颜色一致。

(3) 比赛双方的服装颜色不能相同。

(二) 其他装备

比赛时，护具分红、黑两种颜色。运动员必须穿戴指定的拳套、头盔、护胸等，并自备护齿、护裆。见图 1-2-2。

图 1-2-1

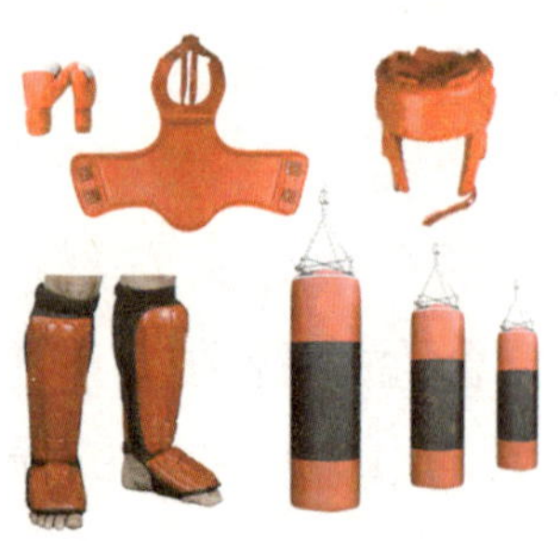

图 1-2-2

2 第二章 运动保健

体育运动对增强体质、预防疾病和促进人体健康具有良好的作用。但是，并非所有人做相同的运动都会达到同样的效果。对于同一种运动负荷，不同的人机体反应差异很大。即使是同一个个体，在不同时期、不同机能状态下，对同一负荷的反应及收到的效果也是不一样的。因此，对于不同个体，应制定适合其机能需要的运动强度、时间、频率和持续周期。从事体育锻炼一定要讲究科学性，使机体最大限度地获得运动价值，使某些疾病得到有效的防治或祛除。

第一节 自我身体评价

自我身体评价是指根据个体的不同情况，以及简单的功能评定标准，对锻炼者进行身体评价，并以此为依据，确定具体的锻炼内容。

一、适宜人群

体适能是全身适应性的一部分，是人体对现代生活的适应能力。为了促进健康、预防疾病、提高生活质量和工作学习效率，几乎所有人都可以追求健康体适能，而且经过简单的评价和测试，均可以成为目标人群，即适宜人群。

(一) 健康体适能评价标准

健康体适能是指身体有足够的活力和精力处理日常事务，不会感到过度疲劳，并且还有足够的精力去享受休闲活动或应付突发事件。

健康体适能是确定锻炼者是否为运动适宜人群的主要依

据。目前的评价标准主要包括国民体质测定标准、学生体质测定标准和普通人群体育锻炼标准等。

国民体质测定标准主要包括形态指标、机能指标和素质指标3部分，各项指标的测定结果为1～5分，共5个级别。凡各项指标达不到4分或5分者，均应纳入健身人群。

学生体质测定标准分为优秀、良好、及格和不及格4个级别。优秀水平以下者，均应被纳入健身人群。

普通人群体育锻炼标准分为5个级别，凡达不到4分或5分者，均应纳入健身人群。

（二）简易运动功能评定

简易运动功能评定的目的在于确定锻炼者有无运动禁忌症或临时运动禁忌，即是否适合参加体育锻炼，以防万一，避免意外事故发生。目前通行的方式为3分钟踏台阶测试。

1. 目的

测试锻炼者运动后心率恢复情况，以评估其心肺功能。

2. 器材

30厘米高的长凳、节拍器、秒表和时钟。见图2-1-1。

3. 步骤

(1) 节拍器设定为每分钟96次，测试者依“上上下下”的节拍运动3分钟，每次踏上台阶应达到直膝，而且先踏上的脚先落下。

(2) 测试者完成3分钟踏台阶后，5秒钟内开始测量脉搏，时间为1分钟，记录下心率，并依据表2-1-1评价功能水平。

(3) 运动后心率越低，证明心肺功能越好，在运动强度允许的范围内，锻炼者可选择运动强度的较高值来进行运动。

4. 注意事项

如测试者经过努力仍无法达标，或出现头晕、胸闷、出冷汗等症状，应立即终止测试。运动中应特别考虑运动强度，以防止出现意外。

图 2-1-1

表 2-1-1（单位：次 / 分钟）

	年龄(岁)	欠佳	尚可	一般	良好	优异
男士	18~25	>115	105~114	98~104	89~97	<88
	26~35	>117	107~116	98~106	89~97	<88
	36~45	>119	112~118	103~111	95~102	<94
	46~55	>122	116~121	104~115	97~103	<96
	56~65	>119	112~118	102~111	98~101	<97
	65+	>120	114~119	103~113	96~102	<95
女士	18~25	>125	117~124	107~116	98~106	<97
	26~35	>128	119~127	111~118	98~110	<97
	36~45	>128	118~127	110~117	102~109	<101
	46~55	>127	121~126	114~120	103~113	<102
	56~65	>128	118~127	112~117	104~111	<103
	65+	>128	122~127	115~121	101~114	<100

二、锻炼目标

锻炼目标应根据锻炼者不同的身体状况来确定，可分为近期目标和远期目标。此外，确定锻炼目标还应结合锻炼者的运动意向、愿望、兴趣，以及本人的健康状况等因素来进行。

（一）近期目标

近期目标是指锻炼者初期应达到的目标。在进行运动前，应首先明确锻炼目标，即近期目标。选择一两个健康体适能构成要素，作为未来两个月内努力完成的目标，而且应从成功概率较高的构成要素开始，并将预期两个月后要达到的目标做上记号，如提高某个或某些关节的活动幅度，增强某块肌肉或某肌肉群的力量等。

（二）远期目标

远期目标是指锻炼者最终要达到的目标。实践证明，经过科学合理的锻炼，锻炼者是可以达到一般的远期目标的，如提高心肺功能，使其达到优秀的等级，或达到降血脂和防治高血压、冠心病的目的等。

三、运动负荷

运动负荷即运动量。怎样控制运动量、合适的运动时间是多少等，一直是有争议的问题。但有一点是可以肯定的，任何的意见和建议，都需要综合考虑锻炼者的身体状况和所要达到的目标，并以此为依据来制订科学的身体锻炼计划。

(一)运动强度

在运动过程中，运动强度过小，无法达到锻炼效果；运动强度过大,不仅达不到最佳的锻炼效果,还可能产生一些副作用，甚至出现意外事故。确定运动强度有两种方法，即心率简易推测法和主观感觉疲劳分级表推测法。

1. 心率简易推测法

(1) 年龄在 20 岁左右的年轻人，身体健康，能坚持体育锻炼，欲进一步提高身体机能，可取最大心率值（最大心率值=220- 年龄）的 65% ～ 85%。

(2) 年龄在 45 岁以下，身体基本健康，有运动习惯者，开始进行健身锻炼,可取最大心率值的 65% ～ 80%;没有运动习惯者，开始进行健身锻炼，可取最大心率值的 60% ～ 75%。

(3) 年龄在 45 岁以上，身体基本健康，有运动习惯者，开始进行健身锻炼，可取最大心率值的 60% ～ 75%；没有运动习惯者，建议根据自身情况咨询专业人员来指导和确定运动强度。

2. 主观感觉疲劳分级表推测法

运动的疲劳程度大致分为 10 级，具体为：0 ～ 1 级，没感觉；2 ～ 3 级，尚轻松；4 ～ 5 级，稍累；6 ～ 7 级，累；8 ～ 9 级，很累；10 级，精疲力竭。因此，健身锻炼的运动强度应控制在主观感觉疲劳程度的 4 ～ 7 级之间。

(二)运动频率

运动频率是指每日及每周锻炼的次数。一般每周锻炼 3 ～ 4 次，即隔日锻炼 1 次即可。充足的休息时间可使机体得到充分的休息，能收到更好的锻炼效果。

(三)运动持续时间

运动强度和运动持续时间决定了一次锻炼的运动量和热量消耗。运动持续时间与运动强度成反比，运动强度大，运动持续时间可相应缩短；运动强度小，则运动持续时间相应延长。一般的健身锻炼，运动持续时间以每天 20 ～ 60 分钟为宜，其中包括准备活动时间、健身锻炼时间和整理活动时间。每次健身锻炼应在 20 分钟以上，锻炼可一次性完成，也可分段进行，但每段活动时间应在 10 分钟以上。

第二节 运动价值

运动价值是人们一直在探讨的问题。一般认为，运动具有两个方面的价值，即健身价值和心理价值。身体和精神的健康是相互依存的，伴随着身体功能的改善，精神状况也能同时得到改善。

一、健身价值

健身价值在于提高体适能。体适能包括心肺耐力素质、肌肉力量素质、柔韧性素质和身体成分等。体适能的发展是积极从事锻炼的结果，只有规律性的体育锻炼才能达到最佳的体适能。

（一）提高心肺耐力素质

心肺耐力是指全身肌肉进行长时间运动的持久能力，是体内心肺系统对身体各细胞的供氧能力。人体的心脏、肺、血管、血液等组织的功能是心肺耐力的基础，与氧气和营养物质的输送以及代谢物的清除有关。健全的心肺功能是健康的基本保证。

系统的体育锻炼，可以使心肌增厚，收缩力加强，心室容积增大，从而使心脏的泵血功能增强，表现为心血输出量增加，心脏的能力得到提高。

系统的体育锻炼，也可使呼吸系统机能得到提高，表现为呼吸肌力量增强，肺活量、肺通气量明显增加，呼吸系统的工作能力提高，同时还提高了向机体供氧的能力。

系统的体育锻炼，可以促进血管系统的形态、机能和调节能力，提高机体的工作能力。

系统的体育锻炼，可以使血液系统产生某些适应性变化，如血容量增加、血黏度下降、红细胞膜弹性增强、红细胞变形能力增强等。

（二）提高肌肉力量素质

肌肉力量是指肌肉最大收缩产生的对抗阻力或负荷的能力。肌肉力量只有达到一定程度，才能克服外界阻力，而克服外界阻力是维持日常生活自理能力，从事各种劳动和运动的必要前提。

系统的体育锻炼，可以提高肌肉的生理横断面积，改善神经系统对肌肉收缩的支配功能，还可以提高肌肉内代谢物质的储备量，以有效地提高肌肉质量，使肌肉力量得到提高。

（三）提高柔韧性素质

柔韧性是指人体各关节的活动幅度，即关节的肌肉、肌腱和韧带等软组织的伸展能力。柔韧性对于保证正常生活质量、维持正常体态、预防损伤发生和减轻损伤程度等方面均起着至关重要的作用。

通过系统的体育锻炼，可以延缓因年龄因素而导致的身体柔韧性下降，预防因缺乏运动而导致的关节结构、周围软组织和膝关节肌肉退化，从而使锻炼者在日常生活、劳动和运动时充满活力。

（四）改善身体成分

身体成分是指人体体重中的脂肪组织和去脂组织的重量百分比。身体成分中的脂肪成分增加，肌肉成分必然下降。身体中不具备收缩功能的脂肪组织增加，必然导致身体进行各种活动的能力下降、基础代谢水平降低和肥胖症、冠心病、高血压、糖尿病、高血脂等慢性疾病发病率的升高。因此，合理的身体成分是保证人体健康的重要内容之一。

系统的体育锻炼可以使锻炼者的体质得到增强，这样，热量消耗便会随之增加，进而燃烧体内多余的脂肪，使身体成分得到改善。而身体成分的改善，又可以减少体重对关节带来的不利影响，还可以使肥胖者的心理状况得到改善，增强其自信心，逐步建立健康的生活方式。

二、心理价值

研究证明，体育锻炼不但可以使锻炼者增强体质、促进身体健康、预防慢性疾病，还可以提高锻炼者的生活满意度和生活质量，对其心理健康产生明显的积极影响。

体育锻炼的心理健康效应主要表现在以下6个方面：

（一）改善情绪状态

1. 短期效应

研究发现，体育锻炼对人的情绪状态具有显著的短期效应。运动后人们的焦虑、抑郁、紧张和心理紊乱程度显著减轻，而精力和愉快程度则显著增强。这种情绪的迅速变化，与锻炼者个体的健康状况、活动形式和活动强度等有直接的联系。

2. 长期效应

体育锻炼对人情绪的长期效应有直接影响，与不锻炼者相比，有规律的锻炼者在较长时期内很少会产生焦虑、抑郁、紧张和心理紊乱等情绪。

（二）完善个性行为特征

人的行为特征一般可以分为两种类型，用A型行为特征和B型行为特征来表示。A型行为特征主要表现为性情急躁、争

表 2-2-1 A、B 型行为特征表现

A 型行为特征者常见表现	B 型行为特征者常见表现
约会从来不迟到	对约会很随便
竞争意识很强	竞争意识不强
别人要讲话时总爱抢先或插话	别人讲话时是很好的听众
总是匆匆忙忙	即使有压力也从不匆忙
等待时缺乏耐心	能够耐心等待
做事全力以赴	处事漫不经心
同时想做很多事	在一定时间里只做一件事情
讲话喜欢加重语气，甚至敲桌子	讲话语速缓慢、不慌不忙
做了好事希望能得到别人的承认	只要自己满意即可，不管别人怎么想
吃饭、走路都很快	没什么业余爱好
不善与人相处	为人随和
容易暴露自己的情感	能控制自己的感情
具有广泛的兴趣	满足于目前的工作和学习状况
胸怀雄心壮志	做事情很慢

强好胜、容易激动、整天忙碌等；B 型行为特征主要表现为不好竞争、不易紧张、不赶时间、待人随和、喜欢自由自在等。具有 A 型行为特征的人由于过度紧张的情绪反应，会引起内分泌失调，增加心脏病发病的概率。目前的一些研究主要集中在体育锻炼对改变 A 型行为特征的作用方面。研究结果表明，有规律的体育锻炼能明显改变 A 型行为特征，使其发生显著的积极变化。见表 2-2-1。

（三）确立良好的自我概念

自我概念是指个体对自己身体、思想和情感的主观整体评价，由许多自我认识组成，包括我是什么人、我主张什么和我喜欢什么等。

坚持体育锻炼，可以使锻炼者体格强健、精力充沛、提高驾驭身体的能力，从而改善对自身的满意程度，确立良好的自我概念。

（四）改变睡眠模式

根据脑电图显示，人的睡眠可以分为两种状态，即慢波睡眠状态和快波睡眠状态，前者为浅度睡眠状态，后者为深度睡眠状态。一夜之间两种睡眠状态会交替发生 4 ～ 5 次。

有规律的体育锻炼不仅对慢波睡眠有改善作用，而且能缩短入眠的潜伏期，延长睡眠时间。

（五）改善认知能力

体育锻炼还能改善人的认知过程，避免反应时间过长、注意力不集中和思维混乱等症状的发生，尤其对老年人认知能力的改善效果更为明显。

（六）增强心理治疗效应

体育锻炼被公认为是心理治疗的好方法。目前，人群中常见的心理疾病是抑郁症和焦虑症。研究发现，体育锻炼是治疗抑郁症的有效手段之一。抑郁症患者经过有规律的体育锻炼，能显著减轻症状。

体育锻炼还具有治疗焦虑症的作用，通过有规律的体育锻炼，锻炼者的焦虑症状可以得到明显缓解。

第三节　运动保护

在运动过程中，人体机能会随时发生变化。因此，应针对这个特点来进行体育锻炼，也就是我们所说的运动保护。运动保护一般包括运动前准备、运动后放松和自我养护 3 个方面。

一、运动前准备

准备活动是指在正式运动之前进行的有目的的身体练习。做好充分的准备活动，可以缩短机体进入最佳状态的时间，同时还可以预防运动损伤的发生，为机体发挥最大的工作效率做好功能上的准备。

（一）准备活动的作用

1. 提高中枢神经系统兴奋状态

（1）使大脑反应速度加快，参加活动的运动中枢神经间相互协调。

（2）为正式运动时生理机能达到适宜程度提前做好准备。

2. 提高机体代谢水平

（1）准备活动可以使锻炼者体温升高，降低肌肉黏滞性，使肌肉的伸展性、柔韧性和弹性增强，从而有效预防运动损伤的发生。

(2) 准备活动可以增强体内代谢酶的活性，使物质代谢水平提高，以保证运动时有较充分的能量供应。

3. 克服内脏器官生理惰性

(1) 准备活动可以提高心血管系统和呼吸系统的机能水平，使肺通气量及心血输出量增加。

(2) 可以使心肌和骨骼肌的毛细血管扩张，使其工作肌获得更多的氧，从而克服内脏器官的生理惰性，使之尽快达到最佳状态。

4. 增加皮肤毛细血管血流量

准备活动可以使皮肤毛细血管的血流量增加，运动后毛细血管扩张，有利于散热，降低体温，有效防止正式活动时由于体温过高而影响运动能力。

(二) 准备活动的要求

1. 准备活动的时间

(1) 准备活动的时间可以根据运动项目的具体情况确定，一般以 10 ～ 30 分钟为宜。

(2) 准备活动与正式运动的间隔时间，一般以不超过 15 分钟为宜，可以在做完准备活动后立刻进行正式运动。

2. 准备活动的强度

(1) 准备活动的强度和量应较正式运动小，以免引起疲劳。

(2) 准备活动的量可以由心率决定，心率以 100 ～ 120 次 / 分钟为宜。

(三) 一般性准备活动

一般性准备活动的内容多以伸展运动开始，然后进行一般性的跑步、徒手体操等活动。

下面介绍一套常用的一般性准备活动操，供锻炼者运动前使用。这套活动操主要包括头部运动、肩部运动、扩胸运动、体侧运动、体转运动、髋部运动和踢腿运动等。

1. 头部运动

两手叉腰，两脚左右开立，做头部向前、向后、向左、向右，以及绕环运动。见图 2-3-1。

图 2-3-1

2. 肩部运动

手扶肩部，屈臂向前、向后绕环，以及直臂绕环。见图 2-3-2。

图 2-3-2

3. 扩胸运动

屈臂向后振动及直臂向后振动。见图 2-3-3。

图 2-3-3

4. 体侧运动

两脚左右开立，一手叉腰，另一臂上举，并随上体向对侧振动。见图 2-3-4。

图 2-3-4

5. 体转运动

两脚左右开立，两臂体前屈，身体向左、向右有节奏地扭转。见图 2-3-5。

图 2-3-5

6. 髋部运动

两脚左右开立，两手叉腰，髋关节放松，向左、向右 360 度旋转。见图 2-3-6。

图 2-3-6

7. 踢腿运动

两臂上举后振，同时一腿向后半步，重心置于前腿，两臂下摆后振，同时向前上方踢腿。见图 2-3-7。

图 2-3-7

二、运动后放松

运动后放松是指运动后进行的一些能够加速机体功能恢复的、较轻松的身体活动。与运动前的准备活动相反，其目的是使锻炼者的生理机能水平逐步得到恢复。

（一）放松方法

1. 运动性手段

（1）运动结束后，锻炼者可采用变换运动部位的方法来消除疲劳，如上肢出现疲劳时可做一些慢跑运动，下肢出现疲劳时，可做一些上肢运动。

（2）转换运动类型也是一种不错的放松方法，如打羽毛球出现疲劳时可做瑜伽来达到放松的目的。

（3）还可以用调整运动强度的方法来缓解疲劳，如可以在放松过程中，采用小强度的轻微运动方法等。

2. 整理活动

(1) 整理活动是指运动后所做的一些能够加速机体功能恢复的身体活动，如剧烈运动后进行 3 ～ 5 分钟慢跑或其他整理活动，使身体机能得以恢复。

(2) 剧烈运动后若不做整理活动而骤然停止动作，会影响氧气的补充和静脉血的回流，使机体血压降低，引起不良反应。见图 2-3-8。

(二) 注意事项

1. 在进行整理活动时动作应缓慢、放松，运动量不要过大，否则会引发新的疲劳。

2. 在进行整理活动时，应当保持心情舒畅、精神愉悦。

图 2-3-8

三、自我养护

锻炼后，锻炼者感觉身体疲劳是一种正常的生理现象，是体育锻炼过程中的正常反应。随着体育锻炼时间的延长，疲劳症状自然会消失。运动性疲劳出现后，锻炼者如果采用一些自我养护措施，可以加速身体机能的恢复，尽快消除疲劳，提高锻炼效果。常见的自我养护方法主要包括运动后休息、合理营养和物理手段。

(一)运动后休息

1. 静止性休息

(1) 静止性休息是指锻炼者运动后保持机体相对静止的状态，以促进身体机能恢复，尽快消除疲劳。

(2) 静止性休息的最佳方式是睡眠，特别是刚开始从事锻炼者，身体不适应或疲劳症状明显时，更应该保证充足的睡眠，否则，锻炼者虽然积极参加了体育锻炼，但收效甚微，甚至会导致过度疲劳症状的发生。

(3) 静止性休息更适合消除全身运动导致的整体疲劳症状。见图 2-3-9。

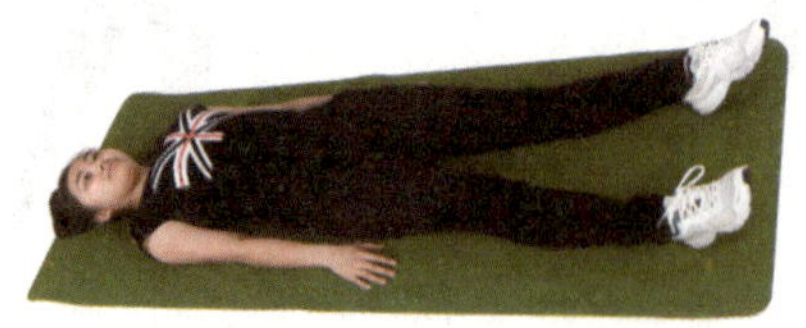

图 2-3-9

2. 积极性休息

(1) 积极性休息更适合由于少量肌肉群参与工作而导致的局部疲劳，或运动强度较大而导致的快速疲劳。

(2) 积极性休息可以加速血液循环，有利于代谢物排出体外，对促进身体机能的恢复具有明显的效果。见图 2-3-10。

图 2-3-10

（二）合理营养

小强度、长时间的运动形式，主要是靠糖原的有氧代谢提供能量。运动后应及时补充淀粉类食物，如面粉、大米等，以促进糖原的合成。随着人民生活水平的提高，在饮食结构中，肉类食品的比重不断增加，而淀粉类食品的比重逐渐减少，这一现象应当引起人们的注意。特别是老年人参加体育锻炼，更应注意对淀粉类食物的补充。

强度较大、时间又相对较长的运动形式，主要是靠糖原的无氧代谢提供能量。这样，糖原无氧代谢产物——乳酸便会在体内大量堆积。因此，运动后应多补充蔬菜、水果等碱性食品，以加速乳酸的清除，尽快消除疲劳。见图 2-3-11。

图 2-3-11

（三）物理手段

1. 按摩及牵拉

(1) 通过按摩刺激神经末梢、皮肤结缔组织和毛细血管，可以使紧张的肌肉得以放松，从而改善局部组织，加速全身的血液循环，达到促进身体机能恢复的目的。这种方法可以在锻炼后马上进行。

(2) 此外，还可以采取缓慢牵拉肌肉的方法，使收缩的肌肉得到充分的伸展放松。见图 2-3-12。

图 2-3-12

2. 水疗及电疗

(1) 水疗包括芬兰式蒸汽浴、热水浴和桑拿浴等多种形式，主要作用是通过提高体温促进血液循环，清除代谢物，以达到尽快消除疲劳、恢复体力的目的。

(2) 水疗的时间一般以不超过 30 分钟为宜，如果时间过长，会进一步消耗体力，严重时甚至会出现暂时性脑缺血现象。

(3) 如果条件允许，还可以对疲劳的肌肉进行低频治疗。低频治疗仪的原理是模拟针灸疗法，使用时将电极用不干胶对称地粘贴在运动部位表皮上。这种疗法可以促进局部血液循环，改善组织代谢，缓解肌肉酸痛，消除疲劳。

3

第三章 基本技术

散打的基本技术是指散打运动员在实战中完成进攻与防守动作的方法，是衡量散打运动竞技水平的重要因素。根据动作的组成，可将散打技术大致分为单个动作技术和组合动作技术两大类。在散打比赛中，运动员根据攻守平衡的对抗原理，将单个技术和组合技术不断地运用到进攻和防守之中。

第一节 姿势和步法

基本姿势是进入对抗前的准备姿势，一般习惯将力量大的拳放在后面。通常把右拳、右腿在后的姿势称为正架；把左拳、左腿在后的姿势称为反架。散打基本步法首先是为了配合攻守动作的运用，以达到攻防效果；其次是为了保持动态中的身体平衡与敌我双方的有效距离，要求“快”“灵”“变”“稳”。

一、基本姿势

1. 动作方法

(1) 以正架为例，两脚开立，与肩同宽，右腿垂直后退约 30 厘米，前脚内扣约 45 度，后脚约 30 度，双脚略提踵。

(2) 同时，膝关节保持弹性，重心落在两腿中间，收腹含胸、松肩沉肘，双手呈半握拳，前手与鼻同高，距头部约 30 厘米，右拳落于右腮侧，前臂与上臂夹角小于 60 度，下颌略收，目视前方。见图 3-1-1。

2. 技术要点

两脚不要呈一条直线，注意重心在两腿之间，身体处于放松状态。

3. 错误纠正

练习过程中,容易出现两脚在一条直线上、上体前倾或后仰、两臂夹得不够紧,并且紧张、挺胸拔背、重心靠前或者靠后等问题。因此,应强调重心在两腿之间,要求防守的严密性,注意收腹含胸,身体处于放松状态。

图 3-1-1

二、步法

(一)前滑步

1. 动作方法

(1)由基本姿势开始,后脚掌用力蹬地,重心前移。

(2)前脚略提踵离地,左腿向前滑行约 10 厘米,后脚随之跟进相同距离,然后恢复到基本姿势。见图 3-1-2。

2. 技术要点

向哪个方向动就先动哪个脚，移动速度要快，后腿跟进迅速，两脚移动距离相同，移动时保持重心平稳。

3. 错误纠正

练习中，容易出现两脚同时起跳、重心上下浮动、两脚行进距离不相等、后脚拖拉等问题。因此，应体会两脚先后移动，强调重心平行移动，两脚行进相同距离，注意后腿的快速跟进，可先分解慢速练习，再完整练习。

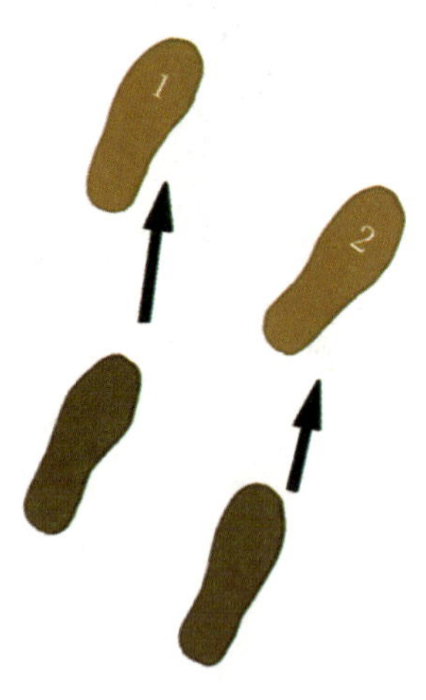

图 3-1-2

（二）后滑步

1. 动作方法

（1）由基本姿势开始，前腿用力向后蹬地，重心后移。

（2）后脚略提起，向后伸展滑行约 10 厘米，前脚迅速跟进相同距离，恢复到基本姿势。见图 3-1-3。

2. 技术要点

向哪个方向动，就先动哪只脚，移动速度要快，后腿跟进迅速，两脚移动距离相同，移动时保持重心平稳。

3. 错误纠正

两脚同时起跳时，易出现重心上下浮动、两脚行进距离不相等、前脚有拖拉现象等问题。因此，应体会两脚先后移动，强调重心平行移动，两脚行进相同距离，注意前腿的快速跟进，可先分解慢速练习，再完整练习。

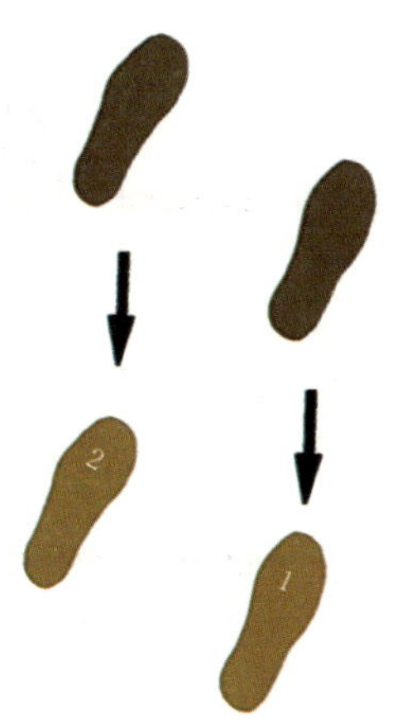

图 3-1-3

(三)左滑步

1. 动作方法

(1) 由基本姿势开始，右脚蹬地，重心左移。

(2) 左脚略离地面，左脚掌向左蹭出约 30 厘米，右脚随之跟进相同距离，整个动作完成后，恢复到基本姿势。见图 3-1-4。

2. 技术要点

向哪个方向动就先动哪只脚，移动速度要快，右腿跟进迅速，两脚移动距离相同，移动时保持重心平稳。

3. 错误纠正

两脚同时起跳时，易出现重心上下浮动、两脚行进距离不相等、右脚有拖拉现象等问题。因此，应体会两脚先后移动，强调重心平行移动，两脚行进相同距离，注意右腿的快速跟进，可先分解慢速练习，再完整练习。

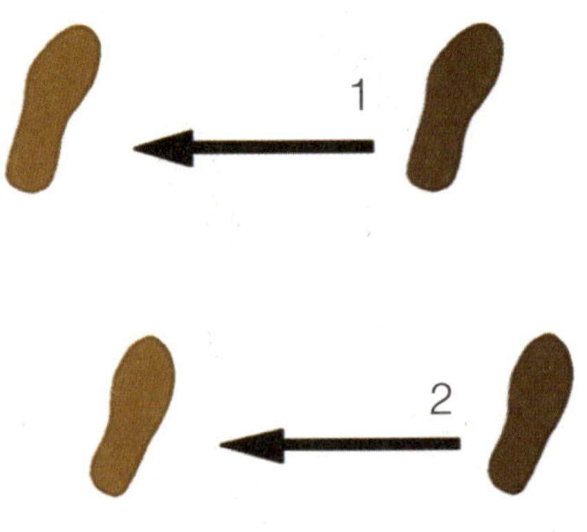

图 3-1-4

（四）右滑步

1. 动作方法

（1）由基本姿势开始，左脚蹬地，重心右移。

（2）右脚略离地面，右脚以脚前掌向右蹭出约 30 厘米，左脚随之跟进相同距离，整个动作完成后，恢复到基本姿势。见图 3-1-5。

2. 技术要点

向哪个方向动就先动哪只脚，移动速度要快，左腿跟进迅速，两脚移动距离相同，移动时保持重心平稳。

3. 错误纠正

两脚同时起跳时，易出现重心上下浮动、两脚行进距离不相等、左脚有拖拉现象等问题。因此，应体会两脚先后移动，强调重心平行移动，两脚行进相同距离，注意左腿的快速跟进，可先分解慢速练习，再完整练习。

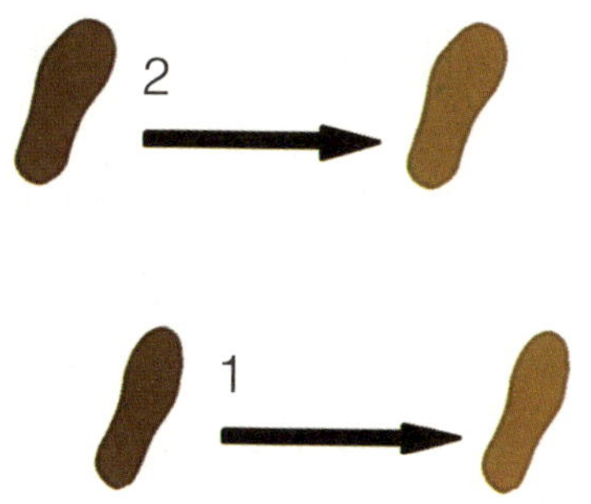

图 3-1-5

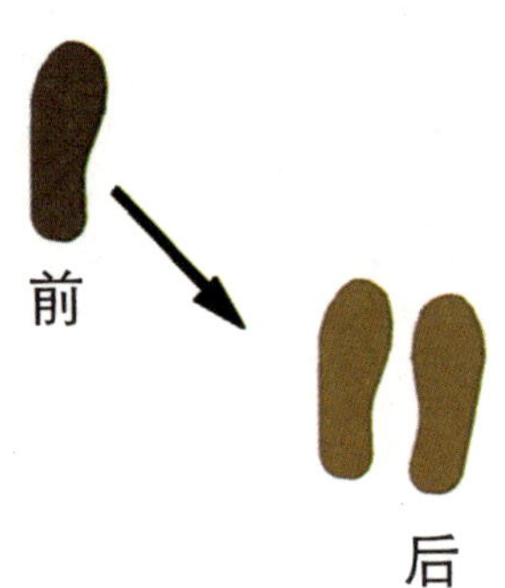

图 3-1-6

(五)收步

1. 动作方法

由基本姿势开始，左脚快速收至右脚旁，前脚掌点地，重心偏向右脚。见图 3-1-6。

2. 技术要点

收步要快，左脚收回后，不要紧贴右脚，而要有一定距离，保持身体重心稳定。

3. 错误纠正

易出现前脚收步过大、重心不稳等问题。因此，应分解练习，体会收步距离，注意重心偏向右脚。

(六)插步

1. 动作方法

由基本姿势开始，后脚经前脚后侧向前脚斜后方插步，重心在两腿之间，两脚呈交叉状。见图 3-1-7。

2. 技术要点

插步要快，两脚之间横向有一定距离，注意身体重心稳定。

3. 错误纠正

易出现插步太慢、两脚在一条线上、重心不稳等问题。因此，应多练习，体会动作方法。

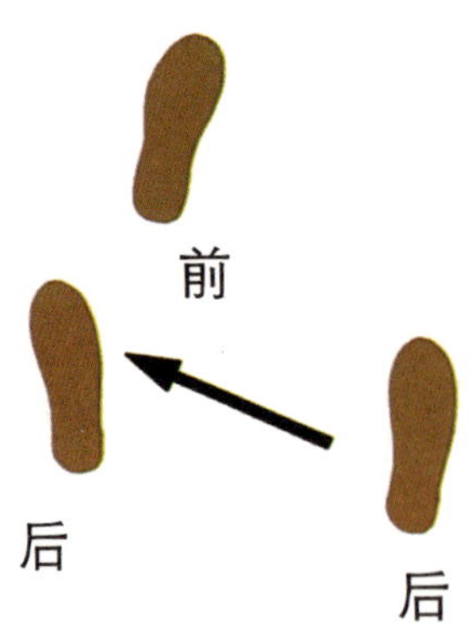

图 3-1-7

（七）垫步

1. 动作方法

（1）由基本姿势开始，后脚迅速向前脚后侧并拢。

（2）同时前腿屈膝抬起，重心落于后腿。见图 3-1-8。

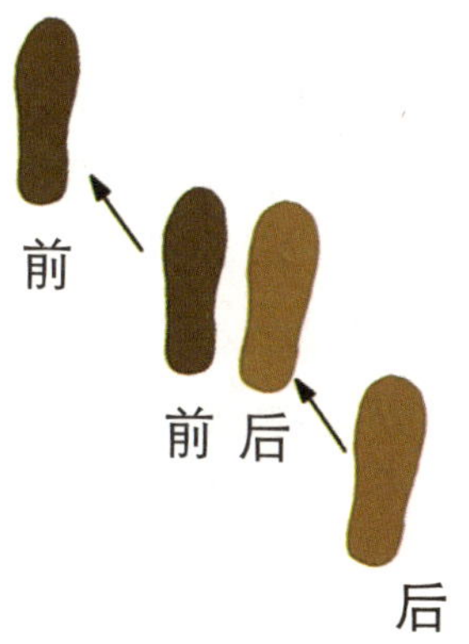

图 3-1-8

2. 技术要点

后脚并拢要快，前腿提膝要协调快速。

3. 错误纠正

易出现并步太慢、后腿并拢和前腿提膝不协调、重心不稳等问题。因此，应先做分解练习，练习后腿并步，再做前腿提膝练习。

（八）跨步

1. 动作方法

（1）由基本姿势开始，后脚蹬地，重心快速前移。

（2）同时前腿提膝向前跨出，后脚快速跟上。见图 3-1-9。

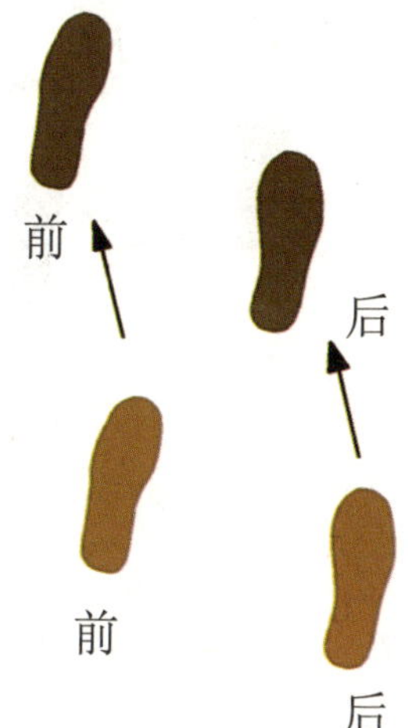

图 3-1-9

2. 技术要点

蹬地充分，重心迅速前移，后腿跟进要快。

3. 错误纠正

易出现做成前滑步、移动慢等问题。因此，前进距离应比前滑步要远，注意提膝前进，体会动作方法，多练习。

（九）跳滑步

1. 动作方法

由基本姿势开始，身体放松，膝关节和踝关节弹动，双脚小幅度依次跳起，快速轻盈地前后、左右跳动。见图 3-1-10。

2. 技术要点

两脚一直保持基本姿势时的距离，重心上下小幅度变化，全身放松。

3. 错误纠正

易出现重心变化幅度过大、步伐凌乱、身体过于僵硬等问题。因此，应注意重心变化幅度，放松身体。

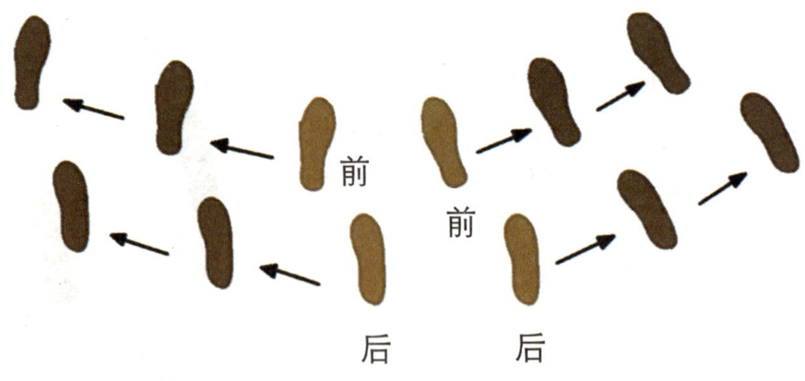

图 3-1-10

第二节 拳法

散打技术中拳法占有很重要的地位，包括直拳、摆拳、勾拳、横扣拳、平勾拳、弹拳、鞭拳、转身鞭拳、转身摆拳、抛物拳和变相摆拳等，特点是速度快，力量大，灵活多变。

一、直拳

直拳是直线形攻击方法，分为前手直拳、后手直拳两种，在拳法中是中远距离进攻对方的主要手段。由于直拳动作相对隐蔽，尤其后手直拳力量较大，是给对方重击的有效方法，所以在比赛中使用频率较高。

（一）前手直拳

1. 动作方法

（1）由基本姿势开始，前脚主动撑转，重心略前移。

（2）同时以左髋带动肩，向内旋转 10 度左右，由肩带动前手臂，使前臂由屈到伸，呈直线快速向前击出，出拳时前臂内旋，力达拳面，手臂自然伸直，后手置于原来位置，用于防守。

（3）收拳时由原路收回，恢复到基本姿势。见图 3-2-1。

2. 技术要点

（1）出拳力量来源于前脚撑转和转腰送肩，击中目标的瞬间产生制动。

(2) 出拳时肩关节的垂直线不能超越前脚踝关节。

(3) 出拳时将拳突然握紧，击中后随即放松。

(4) 出拳时前脚、左髋、左肩同时转动，表现一个身体协调用力的整合性。

3. 错误纠正

易出现出拳时翻肘、只做手臂的屈伸动作、没有身体发力、后手向后拉、身体发力不协调、上下脱节等问题。因此，应先分解练习，注意拳领先于肘，体会身体协调用力，右肩锁肩制动。

图 3-2-1

(二) 后手直拳

1. 动作方法

(1) 由基本姿势开始，后脚蹬地并以脚后掌为轴向内扣转。

(2) 重心略前移，随之迅速合髋转腰送肩，由肩带动手臂，使手臂由屈到伸，向正前方直线出拳，力达拳面。

(3) 出拳同时，前手拳直线收回至下颌左侧，用于防守，出拳后自然弹回，呈基本姿势。见图 3-2-2。

2. 技术要点

(1) 出拳力量来源于后脚蹬转、转髋、送肩，击中目标的瞬间产生制动，表现一个身体协调用力的整合性。

(2) 出拳时肩关节的垂直线不能超越前脚踝关节。

(3) 出拳时将拳突然握紧，击中后随即放松。

(4) 出拳时两肩以身体正中为轴平行转动，同时左肩配合制动。

3. 错误纠正

同“前手直拳”。

图 3-2-2

二、摆拳

摆拳是弧线形的进攻方法，分为前手摆拳、后手摆拳两种，在相互连续击打中使用率较高。由于摆动幅度大，所以击打力量很大，但也因幅度大和运行路线长，使得动作的隐蔽性较差。

(一) 前手摆拳

1. 动作方法

(1) 从基本姿势开始，前脚撑转，身体由髋带腰向右旋转 15 ～ 20 度，同时重心略前移。

(2) 前臂抬肘略与肩高，手臂与地面平行，略张肩，前手拳向外侧前方伸出，上臂和前臂呈 90 ～ 135 度夹角，相对固定。

(3) 髋部在旋转的过程中突然制动，与张开的肩产生合力，将拳击出，拳眼向内，拳心向下，而后随即放松，呈基本姿势。见图 3-2-3。

图 3-2-3

2. 技术要点

(1) 出拳时前臂向外的展臂幅度不要过大，出拳后大臂、小臂角度固定。

(2) 出拳时大臂、小臂与地面平行，手臂不要紧张发力。

(3) 出拳时两肩平行转动，拳到身体正中延长线时制动，击中后随即放松。

(4) 出拳时前脚撑转、转髋、送肩同时动作，表现一个身体协调用力的整合性。

3. 错误纠正

易出现动作幅度太大、拳到身体正中没有制动、手臂没有与地面平行、身体没有协调发力、小臂有向回鞭打动作。因此，应先做分解练习，再完整练习，注意出拳幅度要小，手臂的角度要固定，注意身体协调发力，拳打到身体正中的延长线时制动。

（二）后手摆拳

1. 动作方法

（1）从基本姿势开始，后脚蹬地扣膝，身体由髋带腰向左旋转 15 ～ 20 度，同时重心略前移。

（2）前臂收至下颌左侧用于防守，后手拳向外侧前方伸出，上臂和前臂呈 90 ～ 135 度夹角，相对固定。

（3）髋部在旋转的过程中突然制动，与张开的肩产生合力，将拳击出，拳眼向内，拳心向下，而后随即放松，呈基本姿势。见图 3-2-4。

2. 技术要点

（1）出拳时前臂向外的展臂幅度不要过大，出拳后大臂、小臂角度固定。

（2）出拳时大臂、小臂与地面平行，手臂不要紧张发力。

（3）出拳到身体正中延长线时，将拳突然握紧发力，击中后随即放松。

（4）出拳时后脚蹬转脚、转髋、送肩同时动作，表现一个身体协调用力的整合性。

3. 错误纠正

同“前手摆拳”。

图 3-2-4

三、勾拳

勾拳是近距离攻击拳法，分为前手勾拳、后手勾拳两种，在相互连续击打中使用率较高。由于距离较近，力量较大，所以能给对方以重击。

(一)前手勾拳

1. 动作方法

(1) 由基本姿势开始，上体略向左、向下转动，前手臂收回轻贴于左肋部，前手拳自然置于左面颊外侧，重心偏于前腿。

(2) 上动不停，前脚蹬地，扣膝合髋，前手拳随转腰动作向前上方击出，出拳臂夹角根据所击距离调整，拳心向内，略内扣。

(3) 出拳到口鼻高度随之制动，肩部有鞭打动作，产生短促发力，随后拳由原路收回，呈基本姿势。见图 3-2-5。

图 3-2-5

2. 技术要点

(1) 出拳力量来源于前脚蹬地和转腰送肩。

(2) 出拳时大臂与小臂角度一定，手臂不要紧张发力。

(3) 出拳时注意肩部鞭打，拳到身体正中口鼻高度时制动，击中后随即放松。

(4) 出拳时身体略有向左的转动。

3. 错误纠正

易出现出拳幅度太大、身体发力不协调、出拳后没有制动动作等问题。因此，应分解练习，再完整练习，注意身体协调发力，出拳到口鼻高度时制动，注意收腹含胸。

（二）后手勾拳

1. 动作方法

（1）由基本姿势开始，上体略向右向、向下转动，重心略降低。

（2）后脚蹬地、扣膝、合髋、送肩，肩带动手臂向上出拳，拳心向内，重心随之前移。

（3）拳到口鼻高度后，肩部有鞭打动作，随之制动，力达拳面。

（4）出拳后肩部迅速放松，出拳臂借回降之力收回，呈基本姿势。见图3-2-6。

图 3-2-6

2. 技术要点

（1）出拳时后脚蹬地转脚、转髋、送肩同时动作，出拳力量来源于后脚蹬转和转腰、送肩。

（2）出拳时大臂与小臂角度一定，手臂不要紧张发力。

（3）出拳时到身体正中口鼻高度制动，击中后随即放松。

（4）出拳时不要挺胸拔背。

3. 错误纠正

同“前手勾拳”。

四、横扣拳

（一）左横扣拳

1. 动作方法

（1）由基本姿势开始，左臂外展约30度，前脚主动撑转，扣膝合髋。

（2）同时，转腰送肩，手臂向前、向内横摆扣击，拳眼向上，拳心向内，力达拳心或掌根，随之放松，呈基本姿势。见图3-2-7。

图3-2-7

2. 技术要点

（1）出拳时前脚撑转、转腰、送肩同时动作，表现一个身体协调用力的整合性。

（2）出拳时手臂不要伸直，大臂带动小臂发力。

（3）出拳到身体正中延长线时制动，击中后随即放松。

（4）出拳时注意收腹含胸，两肩部平行转动。

3. 错误纠正

易出现出拳幅度太大、手臂伸得太直、手臂没有配合身体协调发力或者打成摆拳动作等问题。因此，应注意大臂带动小臂，出拳时手臂不要伸得太直，对着镜子练习，注意出拳幅度，体会协调发力。

（二）右横扣拳

1. 动作方法

（1）由基本姿势开始，后脚蹬地转髋，转腰送肩，同时右臂向外展约 30 度，向前伸。

（2）手臂不要伸直，大臂带动小臂向内横摆扣击，拳眼向上，拳心向内，力达拳心或掌根，随之收回，呈基本姿势。见图 3-2-8。

2. 技术要点

（1）出拳时后脚撑转、转腰、送肩同时进行，表现一个身体协调用力的整合性。

（2）出拳时手臂不要伸直，大臂带动小臂发力。

（3）出拳到身体正中延长线时制动，击中后随即放松。

（4）出拳时注意收腹含胸，两肩部平行转动。

3. 错误纠正

同“左横扣拳”。

图 3-2-8

五、平勾拳

(一)前手平勾拳

1. 动作方法

(1) 从基本姿势开始，前脚主动撑转，身体由髋带腰，向内旋转 15 ～ 20 度，同时重心前移。

(2) 前臂抬肘略与肩高，略张肩，前手拳向外侧前方伸出，上臂和前臂呈 90 度夹角，相对固定。

(3) 髋部在旋转的过程中突然制动，与张开的肩产生合力，将拳击出，随即放松，呈基本姿势。见图 3-2-9。

图 3-2-9

2. 技术要点

(1) 出拳力量来源于前脚的撑转、转腰、送肩同时协调发力，表现一个身体协调用力的整合性。

(2) 出拳时肩关节的垂直线不能超越前脚踝关节。

(3) 出拳时将拳突然握紧，击中后随即放松，击中目标前瞬间产生制动。

(4) 出拳时大臂、小臂角度固定为 90 度，且与地面平行。

3. 错误纠正

出拳前有预摆和出拳后有回拉现象，导致动作幅度过大，出拳时重心起伏，过分前倾，左肩没有制动，过早翻肘。

因此，应多练习，正确领会动作方法。

(二)后手平勾拳

1. 动作方法

(1) 从基本姿势开始，后脚蹬地扣膝，身体由髋带腰向内旋转 15 ～ 20 度，同时重心前移。

(2) 前臂收至下颌左侧用于防守，后手拳向外侧前方伸出，上臂和前臂呈 90 度夹角，相对固定。

(3) 髋部在旋转的过程中突然制动，与张开的肩产生合力，将拳击出，随即放松，呈基本姿势。见图 3-2-10。

图 3-2-10

2. 技术要点

(1) 出拳力量来源于前脚的撑转、转腰、送肩同时协调发力，表现一个身体协调用力的整合性。

(2) 出拳时肩关节的垂直线不能超越前脚踝关节。

(3) 出拳时将拳突然握紧，击中后随即放松，击中目标前瞬间产生制动。

(4) 出拳时大臂小臂角度固定为 90 度，且与地面平行。

3. 错误纠正

同“前手平勾拳”。

六、弹拳

图 3-2-11

1. 动作方法

(1) 由基本姿势开始，前臂由屈到伸，以肘关节为轴快速向前弹去，力达拳背。

(2) 出拳后随即放松，呈基本姿势。见图 3-2-11。

2. 技术要点

身体没有配合发力，出拳只是大臂带动小臂发力，快打快收。

3. 错误纠正

易出现出拳幅度过大、出拳时有引拳动作等问题。因此，应注意出拳幅度，体会动作方法，不要有引拳动作。

七、鞭拳

图 3-2-12

1. 动作方法

(1) 由基本姿势开始，前脚蹬地。

(2) 同时髋向前顶，手臂由肩带动、制动，迅速向前方击出，力达拳背，出拳后随即放松，呈基本姿势。见图 3-2-12。

2. 技术要点

动作协调放松，幅度一定要小，身

体要配合手臂转动和制动。

3. 错误纠正

易出现出拳时动作幅度过大、有引拳动作、出拳时没有运用身体的力量等问题。因此，应多练习，体会身体发力，正确领会动作方法。

八、转身鞭拳

1. 动作方法

(1) 由基本姿势开始，先转头、转肩。

(2) 同时，右脚经左脚后插步，身体以左脚为轴转动 360 度。

(3) 右手反臂由屈到伸，向外、向右横向鞭打，拳眼朝上，力达拳背。见图 3-2-13。

2. 技术要点

(1) 插步要快速、稳健，出拳要迅猛有力，出其不意。

(2) 动作协调放松，速度一定要快，身体要配合好手臂转动和制动。

3. 错误纠正

易出现先出拳后转体、转体不协调、力点不准、站立不稳等问题。因此，应多做转体动作练习，体会身体协调转动发力。

图 3-2-13

九、转身摆拳

1. 动作方法

(1) 由基本姿势开始，转头、转肩，重心前移。

(2) 同时，后脚提膝屈腿，横向摆出，后手臂由屈曲迅速展开，向斜下扫出。见图 3-2-14。

2. 技术要点

(1) 动作协调放松，出拳一定要快速有力。

(2) 身体要配合好手臂转动和制动，先转头、转肩。

3. 错误纠正

易出现动作幅度过大、没有运用身体的力量、没有控制好身体的平衡、没有先转头和转肩等问题。因此，应多练习，注意身体协调发力。

图 3-2-14

十、抛物拳

1. 动作方法

(1) 由基本姿势开始，后脚蹬地，扣膝合髋，身体左转。

(2) 右臂肘关节外翻、外展、旋内，拳眼向内，呈抛物线形，由上向下击出，力达拳面。见图 3-2-15。

2. 技术要点

(1) 动作协调放松，幅度一定要小。

(2) 身体要配合手臂转动和制动。

3. 错误纠正

抛物拳容易误做成下砸拳和下劈拳。因此，应多练习，正确领会动作方法，强调技术要点。

图 3-2-15

十一、变相摆拳

1. 动作方法

(1) 由基本姿势开始，后脚蹬地，转髋、转腰，右臂肘关节外展、外翻、旋内，拳眼向下。

(2) 手臂迅速呈直线向前击出，力达拳面，随即放松，呈基本姿势。见图 3-2-16。

2. 技术要点

摆拳的开始，直拳的结束，此拳法介于摆拳和直拳之间。

3. 错误纠正

易出现动作不到位、发力不准等问题。因此，应多练习，正确领会动作方法，强调技术要点。

图 3-2-16

第三节 腿法

腿法在散打中占有很大比重，主要包括蹬、踹、鞭等技术。腿法是远距离对抗的主要方法，特点在于它力度大，攻击力强。

一、弹踢

（一）前腿弹踢

1. 动作方法

（1）基本姿势站好，前腿提膝，大小腿折叠，脚面绷直，大腿带动小腿向上摆动。

（2）大腿制动，小腿向上鞭打弹出，踢完迅速收回还原，呈基本姿势。见图 3-3-1。

2. 技术要点

（1）动作协调、放松，快速有力。

（2）大小腿折叠，大腿带动小腿，注意大腿制动。

3. 错误纠正

易出现身体不协调、站立不稳、踢腿时没有大腿带动小腿的向上鞭打动作等问题。因此，应多做练习，体会大腿带动小腿的鞭打动作，感受身体协调发力。

图 3-3-1

图 3-3-2

（二）后腿弹踢

1. 动作方法

（1）基本姿势站好，后脚蹬地，后腿提膝，大小腿折叠，脚面绷直，大腿带动小腿向上摆动。

（2）大腿制动，小腿向上鞭打弹出，踢完迅速收回还原，呈基本姿势。见图 3-3-2。

2. 技术要点

（1）动作协调、放松，快速有力。

（2）大小腿折叠，大腿带动小腿，注意大腿制动。

3. 错误纠正

同“前腿弹踢”。

二、蹬腿

(一)前腿正蹬

1. 动作方法

(1)由基本姿势开始，身体重心移至右腿，右膝略屈，左腿提膝上抬，脚尖勾起。

(2)随即左腿伸膝，以脚跟领先向前方蹬出，送胯发力，力达脚跟，击出后原路收回，呈基本姿势。见图 3-3-3。

2. 技术要点

提膝要超过自己的腰部，出腿不能向下踏，注意送胯发力。

3. 错误纠正

易出现身体不协调、站立不稳、有下踏动作、没有送胯动作、身体后仰严重等问题。因此，应先分解做提膝练习，再做送胯练习，注意身体协调发力。

图 3-3-3

(二)后腿正蹬

1. 动作方法

(1) 由基本姿势开始，身体重心移至左腿，后脚蹬地，左膝略屈，右腿提膝上抬，脚尖勾起。

(2) 随即右腿伸膝，以脚跟领先向前方蹬出，送胯发力，力达脚跟，击出后原路收回，呈基本姿势。见图 3-3-4。

2. 技术要点

(1) 后脚蹬地迅速有力，提膝要超过自己的腰部。

(2) 出腿不能向下踏。

(3) 送胯时上体不可后仰太多，以免减弱打击能力。

3. 错误纠正

同“前腿正蹬”。

图 3-3-4

三、鞭腿

(一) 前腿鞭腿

1. 动作方法

(1) 由基本姿势开始，重心移至后腿，同时提膝前顶，大小腿充分折叠。

(2) 上动不停，支撑腿快速转脚，顶髋、扣膝。

(3) 左臂屈臂后带，大腿制动，小腿以膝关节为轴迅速向前横向弹出，力达脚背或踝关节。

(4) 右手防守，左臂沿身体屈臂下滑，最后收腿落地，呈基本姿势。见图 3-3-5。

2. 技术要点

(1) 左臂与躯干要有旋拧制动。

(2) 转体、转脚、合胯、扣膝、弹腿发力要配合好。

(3) 上体不要过分后仰，注意支撑腿转脚。

(4) 动作要快速有力，重心不能起伏。

图 3-3-5

3. 错误纠正

易出现脚背放松、没有展髋扣膝动作、身体重心不稳、没有身体协调发力、上体后仰严重、力点不准等问题。因此，应先分解练习，体会提膝展髋动作，再完整练习，扶墙按动作方法多做练习，多踢脚靶沙包，体会身体协调发力。

（二）后腿鞭腿

1. 动作方法

（1）由基本姿势开始，后脚蹬地，重心前移至支撑腿，大小腿充分折叠。

（2）同时提膝前顶，上动不停，支撑腿快速转脚。

（3）身体旋转 180 度，顶髋、扣膝，前臂收至下颌左侧，右臂屈臂后带。

（4）大腿制动，小腿以膝关节为轴迅速向前横向弹出，力达脚背或踝关节，左手防守，右手沿上体屈臂下滑，最后收腿落地，呈基本姿势。见图 3-3-6。

2. 技术要点

（1）右臂与躯干要有旋拧制动，上体不要过分后仰。

图 3-3-6

（2）后脚蹬地，后腿提膝要快速有力。

（3）转体、转脚、合胯、扣膝、弹腿发力要配合好。

（4）动作要快速有力，重心不能起伏。

3. 错误纠正

同“前腿鞭腿”。

四、勾踢腿

（一）左勾踢

1. 动作方法

（1）基本姿势开始，重心前移至右腿，左腿膝关节快速提起，勾起脚尖。

（2）支撑腿转脚同时，勾踢对方踝关节，使其一腿离地，失去平衡，再实行打击，做动作时两手防守。见图 3-3-7。

图 3-3-7

2. 技术要点

提膝屈踝，重心要稳，发力要协调。

3. 错误纠正

易出现有预摆、幅度大、脚踝放松等问题。因此，应多做两人配合练习，体会动作路线、力点和用力顺序。

（二）右勾踢

1. 动作方法

（1）由基本姿势开始，后脚迅速蹬地，重心前移至左腿，右腿膝关节快速提起，踝关节弯曲，呈勾状。

（2）支撑腿转脚同时，勾踢对方踝关节，使其一腿离地，失去平衡，做动作时两手防守。见图 3-3-8。

2. 技术要点

提膝屈踝，重心要稳，发力要协调。

3. 错误纠正

同“左勾踢”。

图 3-3-8

五、侧踹腿

1. 动作方法

(1) 由基本姿势开始，身体重心移至右腿。

(2) 左腿屈膝上提至胸前，随即髋右转，小腿外翻，高与大腿平，脚尖勾起，脚掌正对前方。

(3) 右脚跟内转，上体略向右侧倾的同时左腿展髋伸膝向前踹出，力达脚掌，按原路收回，呈基本姿势。见图 3-3-9。

2. 技术要点

(1) 身体、腿部与进攻的目标呈一条直线。

(2) 踹击时一定要以大腿推动小腿直线向前展髋发力，动作协调、舒展，迅猛有力。

3. 错误纠正

易出现没有蹬地、伸膝、展髋发力和上体与下肢不在一条直线上等问题。因此，应手扶墙先做分解练习，再完整练习，体会动作方法，由慢到快。

图 3-3-9

六、转身侧踹腿

1. 动作方法

(1) 由基本姿势开始，前脚脚尖内扣，重心移至左腿，同时提右膝，身体开始向后转动。

(2) 转体时头部领先于躯干，右腿由屈向伸用力射出，力达前脚掌，然后收腿落地，呈基本姿势。见图 3-3-10。

2. 技术要点

转身要快，先转头，动作协调舒展，迅猛有力。

3. 错误纠正

易出现动作幅度过大、动作不协调、平衡性不好、转体速度慢、出腿时没有运用身体重心的力量等问题。因此，应先分解练习，体会转体动作。

图 3-3-10

七、下劈腿

(一) 前腿下劈

1. 动作方法

(1) 由基本姿势开始，重心后移，前腿提膝上冲。

(2) 当膝关节达到一定高度时，小腿迅速展开，用力由上向前、向下劈击，劈击时展髋，重心前移，力达脚跟和脚掌，劈击后收腿落地，呈基本姿势。见图 3-3-11。

图 3-3-11

2. 技术要点

(1) 动作协调放松，幅度一定要小。

(2) 下劈时有展髋动作，身体要协调用力。

3. 错误纠正

易出现动作不协调、幅度过大、身体重心跟不上等问题。因此，应扶着墙先做提膝练习，再体会劈击展髋动作，体会身体协调用力。

(二) 后腿下劈

1. 动作方法

(1) 由基本姿势开始，后脚蹬地，重心前移，同时提膝上抬。

(2) 膝关节尽量往胸前靠，当膝关节提至顶点时，小腿以膝关节为轴迅速打开，此时重心快速前移，用力向下

图 3-3-12

劈击，力达全脚掌，收腿落地，呈基本姿势。见图 3-3-12。

2. 技术要点

(1) 重心移动要平稳，快速。

(2) 下劈时力量要大，力点要准，身体协调用力。

3. 错误纠正

同“前腿下劈”。

八、摆腿

(一) 前摆腿

1. 动作方法

(1) 由基本姿势开始，重心后移至支撑腿，前腿提膝呈小弧度向上摆起，边摆腿边展开。

(2) 将腿摆至一定高度后，同时转脚、转髋、横向摆击，力达足跟或脚掌，然后收腿落地，呈基本姿势。见图 3-3-13。

2. 技术要点

动作协调舒展，迅猛有力。

图 3-3-13

3. 错误纠正

易出现身体不协调、扫摆无力、打击不到位等问题。因此，应多练习击打沙包，体会动作方法。

(二)后摆腿

1. 动作方法

(1) 由基本姿势开始，以前脚掌为轴，脚尖内扣并转脚。

(2) 同时提膝，身体配合向后转动，转动时头部先于躯干。

(3) 当腿旋转约 180 度时，展腿、展髋，横向摆踢目标，力达脚跟或脚掌，然后收腿落地，呈基本姿势。见图 3-3-14。

2. 技术要点

(1) 动作协调放松，幅度一定要小。

(2) 身体要配合手臂转动和制动，头部转动先于躯干。

3. 错误纠正

易出现摆腿时动作幅度过大、转体时没有运用身体的力量等问题。因此，应多练习，注意转体时以头领先。

图 3-3-14

九、扫腿

（一）前扫腿

1. 动作方法

（1）身体重心移至右腿，右脚尖外展，屈膝全蹲。

（2）左腿伸直，脚掌着地并内扣，以右脚掌为轴，利用腰带动左腿向后、向左扫转一周，力达脚内侧近踝处。

2. 技术要点

重心下移要快，身体协调用力。

3. 错误纠正

易出现扫转时腿弯曲、扫腿无力、脚掌离地、重心不稳、动作不连贯、身体不协调等问题。因此，应多练习，正确领会动作方法。

（二）后扫腿

1. 动作方法

（1）身体重心移至左腿，左脚尖外展，左腿屈膝全蹲。

（2）右腿伸直，脚掌着地，突然伏身，双手扶地。

（3）以左前脚掌为轴，利用腰带动右腿直腿向右、向后扫转一周，力达脚后跟至小腿下端后面。见图 3-3-15。

图 3-3-15

2. 技术要点

重心下移要快，身体协调用力。

3. 错误纠正

易出现伏身与转体不连贯、扫腿时没有运用腰力、身体不协调等问题。因此，应多练习，正确领会动作方法。

第四节 摔法

拳语有“拳加跤，技艺高”“三年武不如当年跤”“远踢近打贴身摔”，这些都说明了摔法的使用价值和特点。摔法是散打比赛中重要的得分手段，包括抱腿摔、夹腿摔、抄腿摔、接腿甩腿摔和贴身摔等技术。

一、抱腿摔

（一）抱单腿转压摔

1. 动作方法

（1）甲乙双方由基本姿势开始，甲用拳攻击乙头部，乙立即向下潜闪，上体靠近甲。

（2）乙前脚插在甲两腿之间，左手抱住甲大腿，右手向内击打甲小腿后侧，双手顺势将甲前腿抱起，右脚向后撤步。

（3）同时，乙向右、向后转体，左肩用力向下、向后压，使甲失去重心摔倒。见图 3-4-1。

2. 技术要点

下潜抱腿要快速准确，抱腿要紧，撤步、转体、转压要连贯协调。

3. 错误纠正

易出现下潜时重心没有完全跟上、没有靠近对方、抱腿不紧、身体没有协调用力、动作不连贯等问题。因此，应多练习下潜抱腿动作，注意身体协调用力，两人配合练习，体会抱腿、撤步、转压动作连贯协调。

图 3-4-1

（二）抱单腿手别摔

1. 动作方法

（1）甲乙双方由基本姿势开始，甲用直拳进攻，乙立即下潜，上体靠近甲，肩部顶住甲大腿。

（2）乙前脚插在甲两腿之间，左手抱住甲大腿，右手向内，击打甲小腿后侧，双手顺势将甲前腿抱起，左手臂由甲裆下穿过，别甲膝窝。

（3）同时，乙右手抱甲左小腿向右转体，使甲摔倒。见图 3-4-2。

2. 技术要点

（1）下潜抱腿要快、准、紧，抱腿、转体、手别要连贯。

（2）发力要协调有力，一气呵成。

3. 错误纠正

易出现下潜时重心没有完全跟上、没有靠近对方、抱腿不紧、身体没有做到协调用力、转体和手别动作不连贯等问题。因此，应多练习下潜抱腿动作，注意身体协调用力，两人配合练习，别腿时上体要转动，以发挥腰部力量，体会抱腿、转体、手别动作连贯协调。

图 3-4-2

（三）抱单腿别摔

1. 动作方法

(1) 甲乙双方由基本姿势开始，甲用直拳进攻，乙立即下潜，上体靠近甲，肩部顶住甲大腿，前脚插在甲两腿之间，左手抱住甲大腿。

(2) 乙右手向内击打甲小腿后侧，双手顺势将甲前腿抱起，并向甲的支撑腿后上左步。

(3) 乙上体右转，用左腿别甲左腿，同时用肩下压甲腿，使甲摔倒。见图 3-4-3。

2. 技术要点

下潜抱腿要快速准确，抱腿要紧，别腿转体要协调。

3. 错误纠正

同“抱单腿手别摔”。

图 3-4-3

(四)抱双腿过胸摔

1. 动作方法

(1) 甲乙双方由基本姿势开始,甲用直拳进攻,乙立即下潜,上体靠近甲,肩部顶住甲大腿。

(2) 乙前脚插在甲两腿之间,双手抱住甲两腿后侧,两脚蹬腿,挺身将甲抱起后,向后弓腰、仰头、后倒,顺势将甲摔倒。见图 3-4-4。

2. 技术要点

(1) 上步下潜快,抱腿紧。

(2) 仰头大胆后倒,空中翻身及时。

3. 错误纠正

易出现下潜时重心没有完全跟上、没有靠近对方、抱腿不紧、没有用腿蹬地的力量抱起对方、自己身体先着地等问题。因此,应注意接近对方时下潜要及时，下潜和伸腿、仰头之间不能间歇，主动后倒，翻身起立要快。

图 3-4-4

（五）抱双腿前顶摔

1. 动作方法

（1）甲乙双方由基本姿势开始，甲用直拳进攻，乙立即下潜，上体靠近甲，肩部顶住对方大腿。

（2）乙前脚插在甲两腿之间，双手抱住甲两腿后侧，两脚蹬地，挺身将甲抱起后，屈肘，两手用力回拉。

（3）乙同时用左肩前顶甲大腿或腹部，将甲摔倒。见图 3-4-5。

2. 技术要点

下潜快，抱腿紧，两臂后撤，肩顶有力。

3. 错误纠正

易出现下潜慢、重心没有完全跟上、没有靠近对方、抱腿不紧、身体没有协调用力等问题。因此，应多练习，注意身体协调用力，抱腿、前顶要连贯。

图 3-4-5

二、夹腿摔

(一) 夹腿打腿摔

1. 动作方法

(1) 当甲用后低鞭腿向乙大腿外侧击来时，乙迅速上步外撑抵住甲胫部，用前手内合夹住甲后腿。

(2) 乙同时出后摆拳攻击甲头部，随后搂住甲颈部，上右脚打甲支撑腿，使甲失去平衡倒地。见图 3-4-6。

图 3-4-6

2. 技术要点

夹腿出拳要同时进行，整个动作协调连贯，上步时要低头含胸。

3. 错误纠正

易出现夹腿时没有上步外撑、夹腿和出拳没有同时进行、上步时挺胸拔背、整个动作不协调连贯等问题。因此，应分解练习，体会上步外撑，注意夹腿和出拳同时进行，完整练习，上步打腿要快，体会动作方法。

(二) 夹腿勾踢摔

1. 动作方法

(1) 当甲用后低鞭腿向乙大腿外侧击来时，乙迅速上步外撑抵住甲胫部，用前手内合夹住甲方后腿。

(2) 乙同时出后手直拳攻击甲头部，随即从甲右肩上穿过,下压其颈部回带。

(3) 乙左手抱腿上提，右脚向前勾踢甲支撑腿踝关节处，使其失去平衡倒地。见图 3-4-7。

2. 技术要点

(1) 夹腿出拳要同时进行，侧夹腿准确，上提、压颈、勾踢协调一致。

(2) 上步时要低头含胸。

3. 错误纠正

同“夹腿打腿摔”。

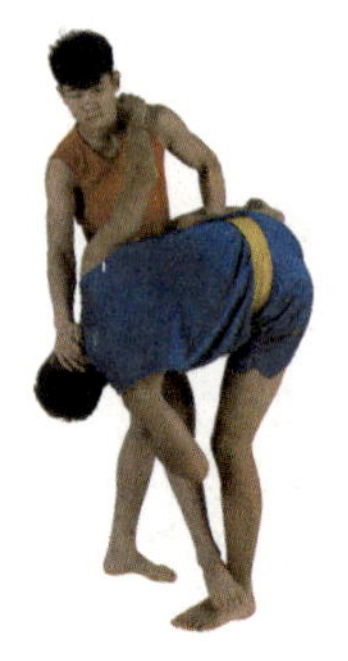

图 3-4-7

三、抄腿摔

（一）抄腿腿别摔

1. 动作方法

（1）当甲方用前鞭腿攻击乙方肋部时，乙方双手合扣，抄抱住甲方进攻腿，顺势将前腿插入甲方支撑腿后侧。

（2）乙上体向右后方转体，同时下压对方左腿，将甲方摔倒。见图3-4-8。

2. 技术要点

（1）抄腿要准确，抱腿要紧。

（2）动作要协调连贯，一气呵成。

3. 错误纠正

易出现抄腿不准、抱腿不紧、转体和别腿动作没有做到协调连贯等问题。因此，应分解练习，多做抄腿练习，完整练习抄腿、转体、别腿动作。

图3-4-8

（二）抄腿搂腿摔

1. 动作方法

（1）当甲用前鞭腿攻击乙肋部时，乙迅速双手合扣，抄抱住甲进攻腿。

（2）乙顺势用左手搂其支撑腿，将甲摔倒，见图3-4-9。

2. 技术要点

（1）抄腿要准确，抱腿要紧。

（2）动作要协调连贯，一气呵成。

3. 错误纠正

易出现抄腿不准、抱腿不紧、抄腿和搂腿没有做到协调连贯、摔不倒对方等问题。因此，应分解练习，多做练习，使动作连贯协调。

图 3-4-9

图 3-4-10

（三）抄腿上托摔

1. 动作方法

（1）当甲用前鞭腿攻击乙肋部时，乙迅速双手合扣，抄抱住甲进攻腿。

（2）同时迅速向前上步，并猛力将甲抄抱腿向上托抬，将甲摔倒。见图 3-4-10。

2. 技术要点

上步、上托动作要协调连贯、猛烈，一气呵成。

3. 错误纠正

易出现抄腿不准、抱腿不紧、抄腿和上托动作不协调连贯、摔不倒对方等问题。因此，应分解练习，多做抄腿练习，多练习上步、上托动作，注意身体协调发力。

（四）抄腿旋压摔

1. 动作方法

（1）甲用前鞭腿击打乙胸部时，乙用右臂格挡，用左手抄抱甲左腿，向右后转身的同时右脚撤步。

（2）乙双腿屈蹲上体下俯，以右手将甲左腿向自己裆内拨打，左手抱紧甲左腿，以肩部下压，使甲倒地。见图 3-4-11。

图 3-4-11

2. 技术要点

转身、撤步、拨打、下压的动作要协调连贯。

3. 错误纠正

易出现抄腿不准、抱腿不紧、抄腿和转压动作没有做到协调连贯、摔不倒对方等问题。因此，应分解练习，多做抄腿练习，多练习转身、撤步、拨打、下压动作，注意身体协调发力。

（五）抄腿勾踢摔

1. 动作方法

（1）当甲用后（前）鞭腿攻击乙肋部时，乙迅速双手合扣，抄抱住甲进攻腿，顺势用右（左）手砍压其颈部向下、向回带。

（2）乙左臂上托其抄抱腿，右（左）脚勾踢甲支撑腿，同时身体配合转体将甲摔倒。见图 3-4-12。

2. 技术要点

抄腿、上托、压颈、勾踢腿动作要协调连贯，一气呵成。

3. 错误纠正

易出现抄腿不准、抱腿不紧、抄腿和压颈动作没有做到协调连贯、摔不倒对方等问题。因此，应分解练习，多做抄腿练习，多练习抄腿、压颈、勾踢动作，注意身体协调发力。

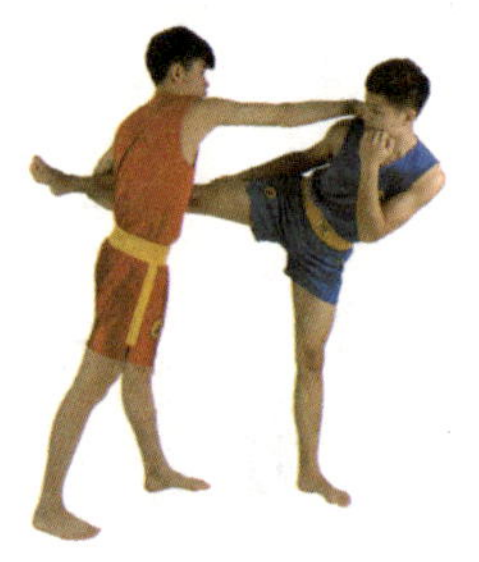

图 3-4-12

四、接腿摔

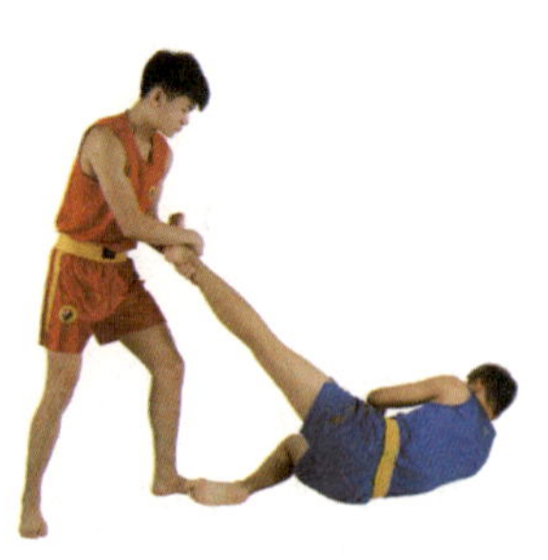

图 3-4-13

（一）接腿甩腿摔

1. 动作方法

（1）当甲用侧踹腿攻击乙胸部时，乙迅速双手合扣，锁抱住甲进攻腿。

（2）乙同时迅速向后撤步，并猛力向回、向右下拉甲进攻腿，待甲重心下降时，乙迅速向左上摆，将甲摔倒。见图 3-4-13。

2. 技术要点

动作要协调、连贯、快速，一气呵成。

3. 错误纠正

易出现接腿时机不准、动作不协调、

摔不倒对方等问题。因此，应多做接腿练习。接腿、下拉、摔摆动作要连贯协调。

（二）接腿勾踢摔

1. 动作方法

(1) 当甲用侧踹腿攻击乙胸部时，乙迅速双手合扣，锁抱住甲进攻腿。

(2) 乙迅速向前上步，左手下压，右手猛力向回、向上提拉甲进攻腿膝关节。

(3) 待甲重心上升时，乙用后腿勾踢甲支撑腿，将甲摔倒。见图 3-4-14。

2. 技术要点

(1) 上步时，要含胸收腹，接腿、提拉、回带、勾踢。

(2) 动作要协调、连贯、快速，一气呵成。

3. 错误纠正

易出现接腿时机掌握不好、动作没有做到协调连贯、上步时挺胸拔背等问题。因此，应先分解练习，体会接腿动作，提拉、回带、勾踢动作要连贯，掌握时机。

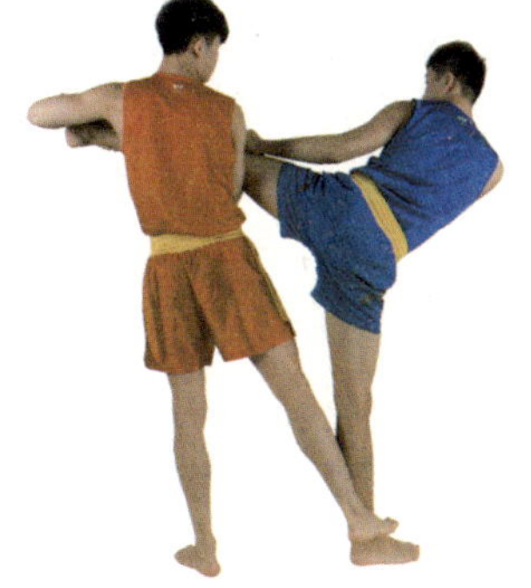

图 3-4-14

五、贴身摔

(一)挂腿推胸摔

1. 动作方法

(1) 甲乙双方基本姿势开始，甲起前蹬腿狠踢乙胸部，乙用右手向里抄挂破解来腿。

(2) 乙向前上右步，右手顺势滑抱甲左膝窝。

(3) 乙同时出左手狠推甲胸部，使之倒地。见图 3-4-15。

2. 技术要点

挂腿时腰应向左转，上步、推胸齐动一致，动作快猛。

3. 错误纠正

易出现挂腿时机掌握不好、动作发力不协调等问题。因此，应先分解练习，体会挂腿动作，转身、上步、推胸动作要连贯，掌握时机。

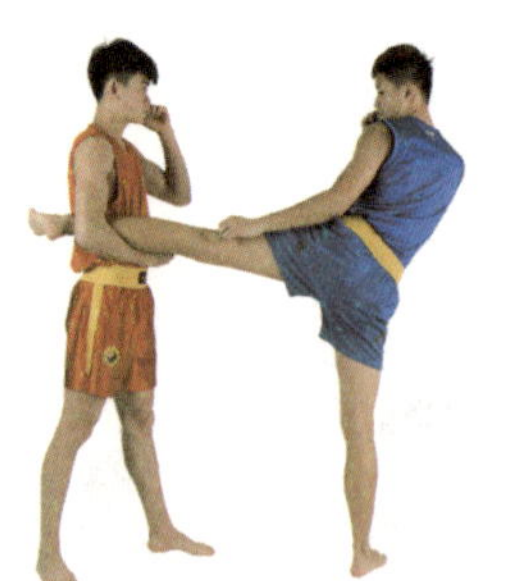

图 3-4-15

(二)锁腿靠身摔

1. 动作方法

(1) 甲乙双方对战，甲突然起侧踹腿，狠踢乙胸腹，乙身体重心后仰。

(2) 乙左手向外勾挂，破解甲来腿，接着右脚向前上一大步。

(3) 同时乙右臂外展，上体向后方靠击对方，使之失衡摔倒在地。见图3-4-16。

图 3-4-16

2. 技术要点

(1) 上步、靠击、展臂齐动合一。

(2) 蹬地转腰发力，力达触点。

3. 错误纠正

易出现挂腿时机掌握不好、动作发力没有做到协调连贯等问题。因此，应先分解练习,体会挂腿动作,上步、靠击、展臂、推胸动作要连贯，掌握时机。

(三) 夹颈过背摔

1. 动作方法

(1) 甲乙双方由基本姿势开始，甲以左直拳击乙头部。

(2) 乙用前臂格挡甲左前臂，左臂由甲右肩上穿过后，用臂夹甲颈部。

(3) 乙右脚背步（转体撤步）置于左脚平行，两腿屈膝，身体右转，以左侧髋部贴甲前身，继而两腿蹬伸，向下弓腰，低头将甲背起后摔倒。见图 3-4-17。

2. 技术要点

(1) 夹颈牢固，背步转身要快，低头、蹬腿协调有力。

(2) 绕抱对方左臂要快，转身、低头、弓腰、蹬腿协调连贯，快速有力。

3. 错误纠正

易出现夹不住对方手臂、夹颈不牢固、背步转身不够快、身体没有协调用力等问题。因此,应先分解练习背步转身动作,转身、低头、弓腰、蹬腿要协调连贯,快速有力。

图 3-4-17

(四) 夹颈打腿摔

1. 动作方法

(1) 甲乙双方由基本姿势开始,甲以左直拳击乙头部。

(2) 乙用前臂格挡甲左前臂,左臂由甲右肩上穿过后,用臂夹甲颈部。

(3) 乙上左脚,臀部抵住甲小腹,身体立即左转,同时用左脚向后横打甲小腿外侧,将甲挑起摔倒。见图 3-4-18。

2. 技术要点

(1) 夹颈牢固,转身要快。

(2) 低头、打腿协调有力。

3. 错误纠正

易出现夹颈不牢固、转身不够快、身体没有协调用力等问题。

因此，应先分解练习上步转体动作，转身要快，低头、打腿要协调连贯，快速有力。

图 3-4-18

（五）抱腰过背摔

1. 动作方法

（1）甲用右掼（直）拳击乙头部。

（2）乙向前上半步，右闪身，左臂由甲右臂下穿过，右手抱甲腰部，左手夹住甲右臂。

（3）乙背右步，屈膝后蹬直，向下弯腰，低头将甲摔倒。见图 3-4-19。

2. 技术要点

（1）夹臂牢固，背步转身要快，低头、蹬腿协调有力。

（2）绕抱对方右臂要快，转身、低头、弓腰、蹬腿协调连贯，快速有力。

3. 错误纠正

易出现闪身不快、夹臂不紧、抱腰不够紧、身体不协调等问题。因此，应先分解练习背步转体动作，转身要快，低头、蹬腿要协调连贯，快速有力。

图 3-4-19

（六）插肩过背摔

1. 动作方法

（1）甲用右掼拳击乙头部，乙立即向前上步，右闪身，左臂由甲右腋下穿过。

（2）乙背右步至与左脚平行，两腿屈膝。

（3）乙同时右手夹住甲左臂，两腿蹬直，向下弓腰，将甲摔倒。见图 3-4-20。

图 3-4-20

2. 技术要点

(1) 闪身快，背步、转身协调一致。

(2) 低头、弯腰、蹬腿连贯有力。

3. 错误纠正

易出现闪身不快、插肩不够快、身体不协调等问题。因此，应先分解练习背步转体动作，低头、弯腰、蹬腿要协调连贯，快速有力。

(七) 撞胸前切摔

1. 动作方法

(1) 甲用右冲拳或右掼拳击乙头部，乙用左前臂外格挡后抓其手臂。

(2) 乙右脚向前上半步，左脚向甲左腿后插步别甲左腿，左臂由甲右肩上穿过，屈肘夹抱甲的颈部。

(3) 乙上体前俯下压甲胸部，使甲摔倒。见图 3-4-21。

图 3-4-21

2. 技术要点

格挡上步快，撞胸动作应有力。

3. 错误纠正

易出现上步慢、别腿和下压动作不协调、摔不倒对方等问题。因此，应多练习，注意上步要靠近对方，同时使上体前倾撞胸。

(八) 勾腿压肩摔

1. 动作方法

(1) 甲乙双方在缠抱过程中，乙趁甲身体倾斜时，右脚插入甲两脚之间，用小腿缠挂甲左腿内侧。

(2) 同时双手用力前推，将甲摔倒在地。见图 3-4-22。

图 3-4-22

2. 技术要点

(1) 上步要快，身体靠牢。

(2) 缠腿和发力要协调。

3. 错误纠正

易出现动作不协调、小腿缠不住对方、摔不倒对方等问题。因此，应多练习，注意缠腿推手动作，体会身体协调发力。

(九) 折腰搂腿

1. 动作方法

(1) 靠近对方，下闪，双臂抱住对方腰部，右脚抬起，并以小腿由前向后搂挂对方左小腿。

(2) 双手抱紧对方腰部，上体前压其胸，使其后倒。见图 3-4-23。

2. 技术要点

抱腰、挂腿、前压要协调一致。

3. 错误纠正

易出现上步慢、动作不协调、摔不倒对方等问题。因此，应多练习，强调抱腰要紧，并向回拉，上体前倾压胸和搂腿动作一致。

图 3-4-23

(十)压颈搂腿

1. 动作方法

(1) 左腿被对方抱住后，立即俯身屈髋并向左转腰。

(2) 以左手压推对方后颈部，右手向上搂托对方左膝关节，使对方向前翻滚倒地。见图 3-4-24。

2. 技术要点

反应要快，转腰压推要协调。

3. 错误纠正

易出现俯身屈髋慢、发力不协调、摔不倒对方等问题。因此，应多练习，强调转腰、压腿动作一致。

图 3-4-24

(十一)抱腿搂腿

1. 动作方法

(1) 上步，身体下潜闪躲，然后左手抱对方右后腰，屈肘。

(2) 右手抱对方左膝窝用力回拉，使对方的左腿离地。

(3) 左脚抬起前伸，由前向后搂挂对方的支撑腿，同时用左肩向前顶靠对方肋部，将其摔倒，见图 3-4-25。

2. 技术要点

上步、下潜、搂挂要协调一致。

3. 错误纠正

易出现抱腿不紧、摔不倒对方等问题。因此，应强调近身马上破坏对方的重心，抱起对方的前腿使其单腿支撑，强调搂腿、手拉和肩顶用力一致。

图 3-4-25

图 3-4-26

(十二)压颈搂腿

1. 动作方法

(1) 甲乙双方对战，相互缠抱在一起，乙用右臂夹住甲头颈，左臂抱其右臂。

(2) 接着，乙双脚踝转，身体猛力向右后方转身，同时右手回拉，左手推送，将甲摔倒在地。见图 3-4-26。

2. 技术要点

(1) 左右手触位准确有力，蹬地踝脚、转身协调一致。

(2) 力发于腰间，双手的用力轨迹呈斜下弧形。

3. 错误纠正

易出现夹不住对方头颈、转身或回拉不协调等问题。因此，应强调动作协调，体会动作方法。

（十三）穿裆靠摔

1. 动作方法

（1）甲乙双方对战，甲出拳向乙进攻，乙快速潜身，接着上右脚锁控甲左腿，右手穿裆下抱甲右腿。

（2）乙上体向后靠撞，右手向上提抱，将甲靠摔在地。见图 3-4-27。

图 3-4-27

2. 技术要点

（1）潜闪快速，上步、穿裆抱腿协调一致。

（2）蹬地转腰发力，力达触点。

3. 错误纠正

易出现下潜慢、发力不协调、摔不倒对方等问题。因此，应强调动作协调，体会动作方法。

（十四）捞腿扣肩摔

1. 动作方法

（1）甲乙双方对战，甲出拳向乙进攻，乙侧闪上步，上体前俯避开来拳。

（2）乙同时右手向上扣捞甲左腿，左手向下推压其胸肩，将其摔倒在地。见图 3-4-28。

图 3-4-28

2. 技术要点

侧闪要快，捞腿、扣肩连贯一致，快速有力。

3. 错误纠正

易出现侧闪不及时、动作不协调等问题。因此，应强调动作协调，体会动作方法。

第五节 防守

散打防守技术分为拳法防守、腿法防守和摔法防守三大类。

一、拳法防守

(一)直拳拍压防守

1. 动作方法

当乙用左(右)直拳向甲头部击来时,甲将右(左)手拳套张开做出向下推拍乙拳背的姿势,改变乙来拳路线,化解来拳力量,推拍后马上还原,呈基本姿势。见图 3-5-1。

图 3-5-1

2. 技术要点

拍压幅度要小,还原要快,短促有力,拍压瞬间身体应有顿挫动作。

3. 错误纠正

易出现时机掌握不好、幅度过大、还原慢、拍压瞬间身体没有顿挫动作等问题。因此，应多练习，注意动作幅度，还原要快。

(二)直拳拍击防守

1. 动作方法

(1) 在基本姿势基础上，当乙左（右）手直拳击打到甲脸部10厘米距离时，甲迅速张开右（左）拳向左前下方短促有力地拍击乙手腕外侧，使乙前直拳改变方向。

(2) 甲在拍击同时上体略向右挫动，拍击后迅速还原，呈基本姿势。见图3-5-2。

图 3-5-2

2. 技术要点

拍击幅度要小，还原要快，短促有力，拍压瞬间身体应有顿挫动作。

3. 错误纠正

易出现时机掌握不好、拍击时推压和拍击动作过大、动作过于黏连、没有做到短促有力等问题。因此，应多练习，体会时机，做到出击快，还原快。

(三)肩阻挡防守

1. 动作方法

(1) 在身体处于基本姿势的基础上，当对方用直拳击打头部时，我方后脚蹬地，使身体重心略前移。

(2) 同时左脚跟外转，膝、髋、肩向右转动，提肩，并将左手臂屈肘于前胸，肩和膝关节前顶，目视前方。

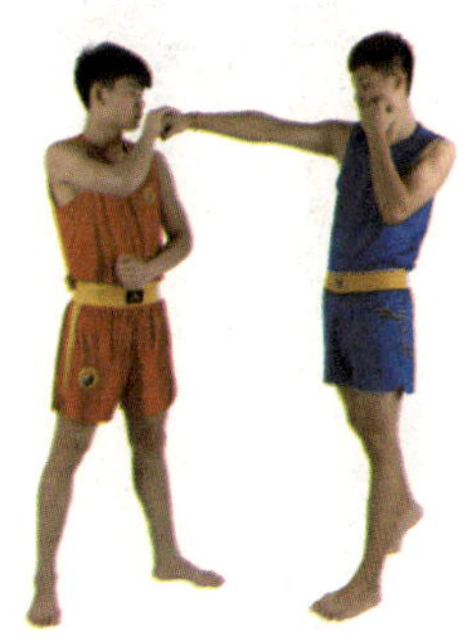

图 3-5-3

(3) 当对方击打到部位时，我方肩和手臂肌肉突然收缩，防守后迅速还原，呈基本姿势。见图 3-5-3。

2. 技术要点

上臂不得重心略前移，肌肉突然收缩，动作协调。扩张，力量要适当，不得猛烈或带有危险性。

3. 错误纠正

易出现幅度过大、重心没有前移、时机掌握不好等问题。因此，应多练习，正确领会动作方法。

(四) 头部躲闪防守

1. 动作方法

(1) 由基本姿势开始，甲用左（右）手直拳攻击乙头部，乙重心迅速右移。

(2) 乙同时转体，左（右）肩略右（左）倾，使甲来拳从肩上、头侧滑过，躲闪时可将左（右）肩耸起，以保护下颌。见图 3-5-4。

2. 技术要点

动作协调、标准，判断来拳要准确，尽量让对方的拳贴着耳边滑过。

3. 错误纠正

易出现躲闪时动作幅度过大、出现判断不准和转头等问题。因此，应多练习，由慢到快，正确领会动作方法。

图 3-5-4

（五）摆拳防守

1. 动作方法

（1）由基本姿势开始，当乙左（右）摆拳向甲头部击来时，甲右（左）臂迅速外旋。

（2）同时甲手臂略有外展动作，格挡乙小臂内侧。见图 3-5-5。

图 3-5-5

2. 技术要点

（1）注意格挡时机，动作协调放松。

（2）幅度一定要小，身体要配合手臂转动和制动。

3. 错误纠正

易出现时机掌握不好、动作幅度过大、身体不协调等问题。因此，应多练习，由慢到快，体会防守时机，正确领会动作方法。

（六）下潜防守

1. 动作方法

由基本姿势开始，当甲用直拳或摆拳向乙头部击来时，乙重心迅速下降，双腿略屈，上体随着重心的下降而略前倾，缩颈藏头，目光不离甲身体，两手收回胸前防守，伺机反击。见图 3-5-6。

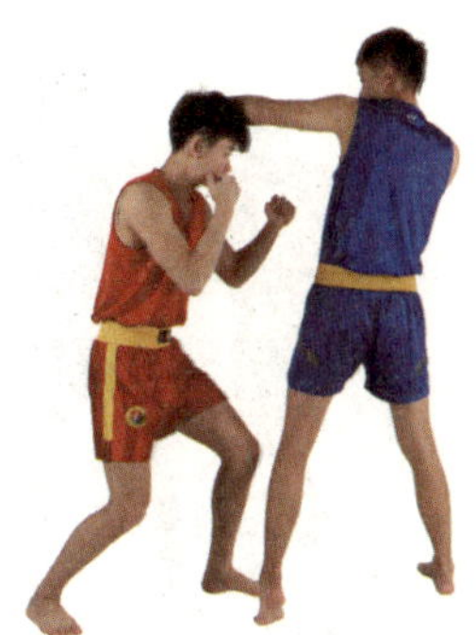

图 3-5-6

2. 技术要点

（1）掌握好时机，动作幅度不要过大，不要低头，保持重心稳定。

（2）动作协调放松，迅速灵敏。

3. 错误纠正

易出现时机掌握不好、下潜幅度过大、有低头现象、身体不协调等问题。因此，应注意动作幅度，由慢到快多练习，体会动作方法。

(七)勾拳防守

1. 动作方法

(1) 在身体处于基本姿势的基础上，当甲用左（右）勾拳击打乙上体时，乙右（左）脚跟略外转。

(2) 同时，乙膝、髋、肩略向左（右）转动，上体略向下沉，转体的同时右（左）臂屈肘，护住胸和腹部。

(3) 当甲左勾拳击打到乙上体瞬间，乙手臂肌肉迅速收缩，形成静力对抗，阻挡后迅速还原，呈基本姿势。见图 3-5-7。

2. 技术要点

(1) 手臂随着身体一起动。

(2) 注意上体协调和瞬间紧张。

3. 错误纠正

易出现不转体、肘臂动作不到位、手臂没有瞬间紧张等问题。因此，应由慢到快，逐步练习。

图 3-5-7

二、腿法防守

图 3-5-8

(一) 正蹬腿外挂防守

1. 动作方法

(1) 由基本姿势开始，当甲用前正蹬向乙腹部击来时，乙前臂迅速下滑。

(2) 乙手臂同时内旋，由内向外挂挡甲来腿，身体配合转动，后手伺机反击。见图 3-5-8。

2. 技术要点

动作协调、放松，准确有力。

3. 错误纠正

易出现时机不准、部位不准确、动作幅度大、身体没有配合旋转和制动等问题。因此，应强调技术要点，体会动作时机，多练习。

图 3-5-9

(二) 正蹬腿里挂防守

1. 动作方法

由基本姿势开始，当甲用后正蹬向乙腹部击来时，乙前臂迅速下滑，手臂同时内旋，由外向内挂挡甲方来腿，身体配合转动，后手伺机反击。见图 3-5-9。

2. 技术要点

动作协调、放松，准确有力。

3. 错误纠正

挂挡时，易出现时机不准、部位不准确、动作幅度大、身体没有配合旋转和制动等问题。因此，应强调技术要点，体会动作时机，正确领会动作方法。

（三）侧踹腿正夹防守

1. 动作方法

（1）由基本姿势开始，乙左（右）手臂由下向上扣，右（左）手臂由上向下拍，双臂形成夹状，可以利用手臂或手掌夹住对方来腿。

（2）当夹住甲来腿时，乙双臂锁抱紧扣，上体配合含胸收腹，然后用摔法或再进行反击。见图 3-5-10。

图 3-5-10

2. 技术要点

（1）夹腿时双臂紧扣，把握距离和时机，收腹含胸，锁抱要及时。

（2）动作协调，夹击有力。

3. 错误纠正

易出现正夹不紧、没有含胸、距离感不强、时机掌握不好等问题。因此，应多练习，体会夹腿时机，夹腿要紧。

（四）侧踹腿阻抄防守

1. 动作方法

（1）由基本姿势开始，乙两脚蹬地，身体略向前移，用右手掌或前臂阻挡甲侧踹腿进攻。

（2）同时，乙用左手臂从侧面进行抄抱，将甲来腿锁抱于腹前，然后用摔法或者拳腿进行反击。见图 3-5-11。

图 3-5-11

2. 技术要点

(1) 身体要前迎，接腿时要闭气。

(2) 动作协调放松，幅度一定要小，身体要配合手臂转动和制动。

3. 错误纠正

易出现前迎动作幅度过大、锁抱不紧、没有含胸、距离感不好等问题。因此，应多练习，由慢到快，逐步练习。

(五) 鞭腿里抄抱防守

1. 动作方法

(1) 甲前鞭腿向乙肋部进攻时，乙右手屈臂贴紧胸前，挡住甲攻击腿。

(2) 同时，乙左手从体前滑过，由下向上抄住甲左小腿，抱住甲腿时左右手掌心相对锁扣，收腹含胸，将甲左腿抱住。见图 3-5-12。

2. 技术要点

(1) 两臂紧贴体前，保护裆、胸和腹部。

(2) 两手相合锁扣。

3. 错误纠正

易出现时机掌握不好、两臂离开躯干向前迎抱、防守不严密、动作不连贯、抄抱不紧等问题。因此，应多练习，两人先喂招练习，由慢到快，体会抄抱时机，逐步掌握动作方法。

图 3-5-12

（六）鞭腿外抄抱防守

1. 动作方法

(1) 甲后鞭腿向乙肋部进攻时，乙左手臂外旋弯曲，上臂紧贴肋部，挡住甲攻击腿。

(2) 乙同时转体左转，右手由身前滑过，由下向上抄抱甲右小腿，收腹含胸，两手相合锁扣于左胸前。见图 3-5-13。

图 3-5-13

2. 技术要点

(1) 上臂护紧躯干。

(2) 抱腿时，两手相合锁扣。

3. 错误纠正

同“鞭腿里抄抱防守”。

（七）鞭腿双臂联合防守

1. 动作方法

(1) 当甲用鞭腿向乙躯干踢来时，乙迅速用异侧手臂进行阻挡防守。

(2) 乙同时用另一手臂向外、向下推拍，然后伺机进行反击。见图 3-5-14。

图 3-5-14

2. 技术要点

(1) 动作协调放松，幅度一定要小。

(2) 身体要配合手臂转动和制动。

3. 错误纠正

易出现防守时动作幅度过大、不够严密等问题。因此，应多练习，正确领会动作方法。

三、摔法防守

(一)抱单腿摔或夹腿摔防守

1. 动作方法

(1) 当甲抱乙单腿或者侧夹住乙低鞭腿准备进行摔时，乙快速将被抱腿插入甲胯下。

(2) 同时，乙支撑腿弯曲，重心下压，一手夹住甲颈部，另一只手推其肩膀或胯部，不让其重心前靠。见图 3-5-15。

2. 技术要点

插腿、夹颈要快，重心下压。

3. 错误纠正

易出现时机掌握不好、没有及时下压重心等问题。因此，应多练习，掌握好时机，防守要快。

图 3-5-15

(二)近身过背摔防守

1. 动作方法

当甲对乙进行过背摔时，乙两脚前后开立，重心快速下沉，一只手用力推其腰后部，与其身体有一定的距离，使其无法发力。见图 3-5-16。

2. 技术要点

时机掌握要好，用手顶住对方时要迅速，重心下压要快。

3. 错误纠正

时机掌握不好，下压重心不及时。因此，应多练习，掌握好时机，反应要快。

图 3-5-16

第六节 基本技术组合

技术组合是运用两个或两个以上动作连续攻击的方法，既可单招连续攻击，又可多招连环击打。由于散打技术动作繁多，所以连击方法多样，千变万化。但是，组合不能是盲目的，要根据动作转换的合理性和实战中运用的可行性、实效性进行组合搭配，才能达到连击得分和重创对方的目的。下面介绍一些基本的技术组合。

一、拳法技术组合

（一）前手直拳＋后手直拳

（1）双方从实战准备姿势开始，己方向前滑步迅速靠近对方，同时用前手直拳攻击对方头部。

（2）在收拳防守的同时，右脚蹬地转髋，身体左转，迅速用后手直拳攻击对方的头部。

（二）前手摆拳＋后手摆拳

（1）双方从实战准备姿势开始，己方向前滑步迅速靠近对方，同时用左摆拳攻击对方头部。

（2）在收拳防守的同时，随右脚蹬地转髋，身体左转，同时迅速用后手摆拳攻击对方的头部。

(三) 前手摆拳 + 后手直拳

(1) 双方从实战准备姿势开始，己方向前滑步迅速靠近对方。

(2) 同时用左摆拳攻击对方头部，随即，随右脚蹬地，身体左转，左拳回收颏前，迅速用后手直拳攻击对方的头部。

(四) 后手直拳 + 前手摆拳

(1) 双方从实战准备姿势开始，己方向前滑步迅速靠近对方，同时用后手直拳攻击对方头部。

(2) 随即，随左脚蹬地，身体右转，右拳回收颏前，迅速用前手摆拳攻击对方的头部。

(五) 后手直拳 + 前手勾拳

(1) 双方从实战准备姿势开始，己方向前滑步迅速靠近对方。

(2) 同时用后手直拳攻击对方头部，随即，随左脚蹬地，身体右转，右拳回收颏前，迅速用前手勾拳攻击对方的腹部。

(六) 前手直拳 + 后手直拳 + 前手摆拳

(1) 双方从实战准备姿势开始，己方向前滑步迅速靠近对方。

(2) 同时用左右直拳攻击对方头部，随即，随左脚蹬地，身体右转，右拳回收颏前，迅速用前手摆拳攻击对方的头部。

(七) 前手摆拳 + 后手直拳 + 前手摆拳

(1) 双方从实战准备姿势开始，己方向前滑步迅速靠近对方，同时用左摆拳攻击对方头部。

(2) 随即，随右脚蹬地，身体左转，左拳回收颏前，同时迅速用右直拳攻击对方的头部。

(3) 然后左脚蹬地，身体右转，右手拳回收颏前，同时用左手摆拳攻击对方头部。

(八)前手直拳+后手直拳+前手勾拳

(1)双方从实战准备姿势开始，己方向前滑步迅速靠近对方，同时用左直拳攻击对方头部。

(2)随即，随右脚蹬地，身体左转，左拳回收颏前，同时迅速用右直拳攻击对方的头部。

(3)然后左脚蹬地，身体右转，右手拳回收颏前，同时用左手勾拳攻击对方腹部。

(九)前手直拳+后手摆拳+前手勾拳

(1)双方从实战准备姿势开始，己方向前滑步迅速靠近对方，同时用左直拳攻击对方头部。

(2)随即，随右脚蹬地，身体左转，左拳回收颏前，同时迅速用右摆拳攻击对方的头部。

(3)然后左脚蹬地，身体右转，右手拳回收颏前，同时用左手勾拳攻击对方。

(十)前手摆拳+后手直拳+前手勾拳+后手直拳

(1)双方从实战准备姿势开始，己方向前滑步迅速靠近对方，同时用左摆拳攻击对方头部。

(2)随即，随右脚蹬地，身体左转，左拳回收颏前，同时迅速用后手直拳攻击对方的头部，随即，随左脚蹬地，身体右转，右拳回收颏前，同时迅速用左手勾拳攻击对方的头部。

(3)然后，随右脚蹬地，身体左转，左拳回收颏前，同时迅速用后手直拳攻击对方的头部。

二、腿法技术组合

(一)左右蹬腿

(1)由基本姿势开始，身体重心移至右腿，右膝略屈，左腿提膝上抬，脚尖勾起，随即左腿伸膝，以脚跟领先向前方蹬出，力达脚跟。

(2)前腿收腿落地时，重心迅速前移，重心移至左腿，同时右腿提膝上抬，前方蹬出，收腿落至前方，呈反架基本姿势。

(二)左右高鞭腿

(1)由基本姿势开始，重心移至后腿，同时提膝前顶，大小腿充分折叠，上动不停，支撑腿快速转脚、顶髋、扣膝，左臂屈臂后带。

(2)大腿制动，小腿以膝关节为轴迅速向前横向弹出，力达脚背或踝关节，攻击对方头部。

(3)收腿落地的同时，重心移至左腿，后脚蹬地提膝，大小腿折叠，横向击出，攻击对方头部，最后收腿落地，呈反架基本姿势。

(三)前腿低鞭腿+后腿高鞭腿

(1)由基本姿势开始，重心移至后腿，同时提膝前顶，大小腿充分折叠，上动不停，支撑腿快速转脚，顶髋、扣膝，左臂屈臂后带。

(2)大腿制动，小腿以膝关节为轴迅速向前横向弹出，力达脚背或踝关节，攻击对方大腿。

(3)收腿落地的同时，重心移至左腿，后脚蹬地提膝，大小腿折叠，横向击出，攻击对方大腿，最后收腿落地，呈反架基本姿势。

（四）前腿侧踹腿＋后腿低鞭腿

(1) 身体重心移至右腿，右膝略屈。

(2) 左腿屈膝上提至胸前，随即髋右转，小腿外翻，高与大腿平，脚尖勾起，脚掌正对前方。

(3) 右脚跟内收，前脚掌蹍地，上体略向右侧倾，同时，左脚展髋伸膝向前踹出，力达脚掌。

(4) 收腿落地时，重心移至前腿，同时后脚蹬地提膝，大小腿折叠，横向击出，攻击对方大腿，最后收脚落地，呈反架基本姿势。

（五）前腿高鞭腿＋后腿转身摆腿

(1) 由基本姿势开始，重心移至后腿，同时提膝前顶，大小腿充分折叠，上动不停，支撑腿快速转脚，顶髋、扣膝，左臂屈臂后带。

(2) 大腿制动，小腿以膝关节为轴迅速向前横向弹出，力达脚背或踝关节，攻击对方上体，收腿落地的同时，重心后移至左腿，以左脚掌为轴，脚尖内扣并转脚，同时提膝，身体配合向后转动，转动时头部先于躯干。

(3) 当腿旋转约 180 度时，展腿展髋，横向摆踢目标，力达脚跟或脚掌，然后收腿落地，呈基本姿势。

（六）前腿低鞭腿＋后腿转身摆腿

(1) 由基本姿势开始，重心移至后腿，同时提膝前顶。

(2) 大小腿充分折叠，上动不停，支撑腿快速转脚，顶髋、扣膝，左臂屈臂后带，大腿制动，小腿以膝关节为轴迅速向前横向弹出，力达脚背或踝关节，攻击对方大腿。

(3) 收腿落地的同时，重心后移至左腿，前脚脚尖内扣，重心前移，同时提膝，身体开始向后转动，转体时头部领先于躯干，腿由屈向伸，用力射出，力达全脚掌，然后收腿落地，呈基本姿势。

三、拳腿技术组合

（一）前腿低鞭腿＋后手直拳

（1）由基本姿势开始，重心移至后腿，同时提膝前顶，大小腿充分折叠，上动不停，支撑腿快速转脚，顶髋、扣膝，左臂屈臂后带。

（2）大腿制动，小腿以膝关节为轴迅速向前横向弹出，力达脚背或踝关节，攻击对方大腿，收腿落地的同时，后脚蹬地、后腿扣膝、合髋、送肩，用后手直拳攻击对方头部，最后呈基本姿势。

（二）前腿侧踹腿＋后手直拳

（1）身体重心移至右腿，右膝略屈，左腿屈膝上提至胸前，随即髋右转小腿外翻，高与大腿平，脚尖勾起，脚掌正对前方。

（2）右脚跟内收，前脚掌踲地，上体略向右侧倾的同时左脚展髋伸膝向前踹出，力达脚掌，收腿落地时，后脚蹬地、后腿扣膝、合髋、送肩，用后手直拳攻击对方头部，最后呈基本姿势。

（三）左右直拳＋后腿低鞭腿

前滑步用左右直拳攻击对方头部，随即后脚蹬地提膝，大小腿折叠，横向击出，攻击对方大腿，最后收腿呈反架基本姿势。

（四）左右直拳＋后腿高鞭腿

前滑步用左右直拳攻击对方头部，随即后脚蹬地提膝，大小腿折叠，横向击出，攻击对方上体，最后收腿呈反架基本姿势。

（五）左右直拳＋前腿高鞭腿

前滑步用左右直拳攻击对方头部，随即后脚向前一小步，前腿提膝，大小腿折叠，横向击出，攻击对方上体，最后收腿呈基本姿势。

（六）左右直拳＋后腿正蹬腿

前滑步用左右直拳攻击对方头部，随即重心移至左腿，同时右腿提膝上抬，前方蹬出，收腿落至前方，呈反架基本姿势。

（七）前腿低鞭腿＋后手直拳＋后腿高鞭腿

（1）由基本姿势开始，重心移至后腿，同时提膝前顶，大小腿充分折叠，上动不停，支撑腿快速转脚，顶髋、扣膝，左臂屈臂后带，大腿制动，小腿以膝关节为轴迅速向前横向弹出，力达脚背或踝关节。

（2）攻击对方大腿，收腿落地的同时，后脚蹬地、后腿扣膝、合髋、送肩，用后手直拳攻击对方头部。

（3）收拳时，前脚向前迈一小步，后脚蹬地，后腿提膝，用后高鞭腿攻击对方躯干或头部。

（八）前腿低鞭腿＋前手摆拳＋后手直拳

（1）由基本姿势开始，重心移至后腿，同时提膝前顶，大小腿充分折叠，上动不停，支撑腿快速转脚，顶髋、扣膝，左臂屈臂后带。

（2）大腿制动，小腿以膝关节为轴迅速向前横向弹出，力达脚背或踝关节，攻击对方大腿，收腿落地的同时，向右转体，带动前肩，出前手摆拳，然后，后脚蹬地转髋，出后手直拳攻击对方。

（九）前腿低鞭腿＋后手直拳＋前手勾拳＋后手直拳

（1）由基本姿势开始，重心移至后腿，同时提膝前顶，大小腿充分折叠，上动不停，支撑腿快速转脚，顶髋、扣膝，左臂屈臂后带，大腿制动，小腿以膝关节为轴迅速向前横向弹出，力达脚背或踝关节。

（2）攻击对方大腿，收腿落地的同时，后脚蹬地、后腿扣膝、合髋、送肩，用后手直拳攻击对方头部。

(3) 收拳时，前脚蹬地，身体右转，用前手勾拳攻击对方，随即后脚蹬地转髋，用后手直拳攻击对方。

(十) 左右直拳 + 前腿高鞭腿 + 后手直拳

前滑步用左右直拳攻击对方头部，随即后脚向前一小步，前腿提膝，大小腿折叠，横向击出，攻击对方上体，然后后脚蹬地转髋，用后手直拳攻击对方。

四、拳摔技术组合

(一) 前手直拳 + 抱腿前顶摔

从基本姿势开始前滑步，同时用前手直拳虚晃攻击对方头部，然后顺势下潜，抱对方双腿，用抱腿前顶摔将对方摔倒。

(二) 前手直拳 + 抱单腿手别摔

从基本姿势开始，前滑步同时用前手直拳虚晃攻击对方头部，然后顺势下潜，抱对方前腿，用抱单腿手别摔将对方摔倒。

(三) 左右直拳 + 抱单腿转压摔

从基本姿势开始，前滑步同时左右直拳虚晃攻击对方头部，然后顺势下潜，抱对方前腿，用抱单腿转压摔将对方摔倒。

(四) 前手直拳 + 抱腰过背摔

从基本姿势开始，前滑步同时用前手直拳虚晃攻击对方头部，然后顺势近身，抱对方手臂，用抱腰过背摔将对方摔倒。

(五) 前手摆拳 + 折腰搂腿

从基本姿势开始，前滑步同时用前手摆拳攻击对方头部，然后顺势近身，用折腰搂腿将对方摔倒。

(六) 前手摆拳 + 撞胸前切摔

从基本姿势开始，前滑步同时用前手摆拳攻击对方头部，然后顺势近身，用撞胸前切摔将对方摔倒。

（七）前手摆拳＋夹颈过背摔

从基本姿势开始，前滑步同时用前手摆拳攻击对方头部，然后顺势近身，用夹颈过背摔将对方摔倒。

（八）后手直拳＋前手摆拳＋插肩过背摔

从基本姿势开始，前滑步同时用后手直拳攻击对方头部，然后前脚蹬地，向右转体，用前手摆拳攻击对方，然后顺势近身，用插肩过背摔将对方摔倒。

（九）后手直拳＋前手摆拳＋抱腿过胸摔

从基本姿势开始，前滑步同时用后手直拳攻击对方头部，然后前脚蹬地，向右转体，用前手摆拳攻击对方，然后顺势近身下潜，用抱腿过胸摔将对方摔倒。

五、拳腿摔技术组合

（一）前腿低鞭腿＋后手直拳＋撞胸前切摔

从基本姿势开始，用前腿低鞭腿攻击对方大腿，前脚落地的同时，用后手直拳攻击对方头部，随即近身，用撞胸前切摔将对方摔倒。

（二）前腿侧踹腿＋后手直拳＋抱腿前顶摔

从基本姿势开始，用前腿侧踹腿攻击对方，前脚落地的同时，用后手直拳攻击对方头部，随即近身下潜，用抱腿前顶摔将对方摔倒。

（三）前腿侧踹腿＋后手直拳＋抱腿过胸摔

从基本姿势开始，用前腿侧踹腿攻击对方，前脚落地的同时，用后手直拳攻击对方头部，随即近身下潜，用抱腿过胸摔将对方摔倒。

（四）前腿低鞭腿＋后手直拳＋抱单腿手别摔

从基本姿势开始，用前腿低鞭腿攻击对方大腿，前脚落地的同时，用后手直拳攻击对方头部，随即近身下潜，用抱单腿手别摔将对方摔倒。

（五）前腿低鞭腿＋后手直拳＋抱单转压摔

从基本姿势开始，用前腿低鞭腿攻击对方大腿，前脚落地的同时，用后手直拳攻击对方头部，随即近身下潜，用抱单转压摔将对方摔倒。

（六）前腿低鞭腿＋后手直拳＋抱单腿别摔

从基本姿势开始，用前腿低鞭腿攻击对方大腿，前脚落地的同时，用后手直拳攻击对方头部，随即近身下潜，用抱单腿别摔将对方摔倒。

（七）前腿正蹬腿＋后手直拳＋抱腿前顶摔

从基本姿势开始，用前腿正蹬腿攻击对方，前脚落地的同时，用后手直拳攻击对方头部，随即近身下潜，用抱腿前顶摔将对方摔倒。

（八）前腿侧踹腿＋后手直拳＋抱腰过背摔

从基本姿势开始，用前腿侧踹腿攻击对方，前脚落地的同时，用后手直拳攻击对方头部，随即近身，用抱腰过背摔将对方摔倒。

（九）后腿低鞭腿＋后手摆拳＋抱腰过背摔

从基本姿势开始，用后腿低鞭腿攻击对方大腿，后脚快落地的同时，向左转腰，用后手摆拳攻击对方头部，随即近身，用抱腰过背摔将对方摔倒。

（十）后腿低鞭腿 + 后手摆拳 + 夹颈过背摔

从基本姿势开始，用后腿低鞭腿攻击对方大腿，后脚快落地的同时，向左转腰，用后手摆拳攻击对方头部，随即近身，用夹颈过背摔将对方摔倒。

4

第四章

比赛规则

制定各项运动的比赛规则，有助于比赛参与者了解运动规则的基本知识，以使自己在比赛过程中游刃有余地发挥技术水平。比赛观赏者也只有在了解基本规则的前提下，才能够充分体验观赏比赛的乐趣。

第一节 比赛方法

运动员要按照一定的方法进行比赛，并须遵循一定的规则，以使比赛有序进行。

一、比赛安排

散打比赛分为团体赛和个人赛。

二、比赛方法

比赛方法有循环赛、淘汰赛。每场比赛采用三局两胜制，每局净打 2 分钟，局间休息 1 分钟。

三、体重分级

按体重分为以下 11 个级别：

1.48 公斤级（≤ 48 公斤）。

2.52 公斤级（>48 公斤，≤ 52 公斤）。

3.56 公斤级（>52 公斤，≤ 56 公斤）。

4.60 公斤级（>56 公斤，≤ 60 公斤）。

5.65 公斤级（>60 公斤，≤ 65 公斤）。

6.70 公斤级（>65 公斤，≤ 70 公斤）。

7.75 公斤级（>70 公斤，≤ 75 公斤）。

8.80 公斤级（>75 公斤，≤ 80 公斤）。

9.85 公斤级（>80 公斤，≤ 85 公斤）。

10.90 公斤级（>85 公斤，≤ 90 公斤）。

11.90 公斤以上级（>90 公斤）。

四、比赛礼节

1. 介绍运动员时，运动员向观众行抱拳礼。

2. 每局比赛开始前，运动员在台上向本方教练员行抱拳礼，教练员还礼，然后运动员相互行抱拳礼。

3. 宣布结果时，运动员交换站位，宣布结果后，运动员先相互行抱拳礼，再同时向台上裁判员行抱拳礼，裁判员回礼，然后向对方教练员行抱拳礼，教练员回礼。

五、禁用攻击方法

1. 禁用方法

（1）禁用头、肘、膝和反关节动作攻击对方。

（2）禁用迫使对方头部先着地的摔法或有意砸压对方。

（3）禁用任何方法攻击倒地方的头部。

2. 禁击部位

禁击对方后脑、颈部、裆部。

3. 得分部位

击中头部、躯干、大腿。

第二节 裁判方法

在比赛过程中,裁判员通过履行职责,进行正确的裁判工作,来保证比赛的公平、公正。

一、裁判员

1. 总裁判长1人,副总裁判长1～2人。

2. 临场裁判组:裁判长、副裁判长、台上裁判员、记录员、计时员各1人,边裁判员3人或5人。

3. 编排记录长1人。

4. 检录长1人。

5. 医务监督1人。

二、评分标准

(一)得2分

1. 一方下台,另一方得2分。

2. 一方倒地,站立者得2分。

3. 用腿法击中对方头部、躯干得2分。

4. 用主动倒地的动作致使对方倒地，而自己顺势站立者，得 2 分。

5. 被强制读秒一次，对方得 2 分。

6. 受警告一次，对方得 2 分。

（二）得 1 分

1. 用拳法击中对方头部、躯干部位得 1 分。

2. 用腿法击中对方大腿得 1 分。

3. 如双方先后倒地，后倒地者得 1 分。

4. 用主动倒地的动作致使对方倒地，而自己不能顺势站起者，得 1 分。

5. 运动员被指定进攻后 8 秒钟内仍不进攻，对方得 1 分。

6. 主动倒地 3 秒钟不起立，对方得 1 分。

7. 受劝告一次，对方得 1 分。

（三）不得分

1. 方法不清楚，效果不明显，不得分。

2. 双方下台或同时倒地，不得分。

3. 一方主动倒地，对方不得分。

4. 抱缠时击中对方，不得分。

三、犯规与罚则

（一）技术犯规

1. 消极搂抱对方或消极逃跑。

2. 处于不利状况时举手要求暂停。

3. 有意拖延比赛时间。

4. 比赛中对裁判员有不礼貌的行为或不服从裁判。

5. 上场不戴或吐落护齿，有意松脱护具。

（二）侵人犯规

1. 在“口令开始”下达前或喊停后进攻对方。

2. 击中对方禁击部位。

3. 用不允许的方法击中对方。

（三）罚则

1. 每出现一次技术犯规，劝告一次。

2. 每出现一次侵人犯规，警告一次。

3. 侵人犯规达 3 次，取消该场比赛资格。

4. 故意伤人，取消比赛资格，所有成绩无效。

5. 使用违禁药物，局间休息时输氧，取消比赛资格，所有成绩无效。

四、暂停比赛

出现以下情况时，裁判员可暂停比赛：

1. 运动员倒地（主动倒地除外）或下台时。

2. 运动员犯规受罚时。

3. 运动员受伤时。

4. 运动员相互抱缠没有进攻动作或无效进攻超过 2 秒或消极逃跑时。

5. 运动员主动倒地超过 3 秒时。

6. 运动员由于客观原因举手要求暂停时。

7. 裁判长纠正错判、漏判时。

8. 处理场上问题或发现险情时。

9. 因灯光、场地等客观原因影响比赛时。

10. 被指定进攻超过 8 秒仍不进攻时。

五、胜负评定

(一)优势胜利

1. 在比赛中,双方实力悬殊,台上裁判员征得裁判长的同意,判技术强者为该场胜方。

2. 被重击(侵人犯规除外)倒地不起达 10 秒,或虽能站立但知觉失常,判对方为该场胜方。

3. 一场比赛中,被重击强制读秒(侵人犯规除外)达 3 次,判对方为该场胜方。

(二)每局胜负判定

1. 在每局比赛结束时,依据边裁判员的评判结果,判定每局胜负。

2. 一局比赛中,一方受重击被强制读秒(侵人犯规除外)两次,另一方为该局胜方。

3. 一局比赛中,一方两次下台,另一方为该局胜方。

4. 一局比赛中,双方出现平局时,按下列顺序判定胜负。

(1) 受警告少者为胜方。

(2) 受劝告少者为胜方。

(3) 当天体重轻者为胜方。

(三)每场胜负判定

1. 一场比赛,先胜两局者为该场胜方。

2. 比赛中,当运动员出现伤病,经医生诊断不能继续比赛时,判对方为该场胜方。

3. 比赛中,因一方犯规,另一方诈伤,经医务监督确诊后,判犯规一方为该场胜方。

4. 因对方犯规而受伤，经医务监督检查确认不能继续比赛者，为该场胜方，但不得参加以后的比赛。

5. 在循环赛的每场比赛中，如获胜局数相同，则为平局。

6. 在淘汰赛的每场比赛中，如获胜局数相同，按下列顺序决定胜负：

(1) 受警告少者为胜方。

(2) 受劝告少者为胜方。

(3) 如仍相同，加赛一局，如再相同，则再加赛一局，直至分出胜负。

六、名次评定

(一) 个人名次

1. 淘汰赛时，直接产生名次。

2. 循环赛时，积分多者名次列前，若两人或两人以上积分相同时，按下列顺序排列名次：

(1) 负局数少者列前。

(2) 受警告少者列前。

(3) 受劝告少者列前。

(4) 体重轻者列前（以抽检体重为准）。

(5) 上述四种情况仍相同时，名次并列。

(二) 团体名次

1. 名次分

(1) 各级别录取前 8 名时，分别按 9、7、6、5、4、3、2、1 的得分计算。

(2) 各级别录取前 6 名时，分别按 7、5、4、3、2、1 的得分计算。

2. 积分相同时的处理办法

两个或两个以上的团体积分相同时，按下列顺序排列名次：

(1) 个人获第 1 名多的队伍名次列前，如再相等时，个人获第 2 名多的队伍名次列前，依次类推。

(2) 受警告少的队伍名次列前。

(3) 受劝告少的队伍名次列前。

(4) 如以上几种情况仍相同时，名次并列。